„Oft ist das Denken schwer, indes
das Schreiben geht auch ohne es."

Wilhelm Busch

1. Auflage

Umschlaggestaltung, Layout, Fotografie:
Jutta Wiemer-Metz - juwieme@yahoo.de

Verlag und Druck: tredition GmbH, Hamburg

ISBN 978-3-7469-6432-4
ISBN 978-3-7469-6434-8 (E-book)

Zum Buch

Hochromantische bis bitterböse Reime, gespickt mit Absurditäten.
Über Typen und Tücken, zwischenmenschliche wie zwischentierische
Nöte im Allgemeinen und der Liebe im Speziellen. Spielerische bis
frivole Betrachtungen zu Lebenssinnsuche, Partnerwahl und Umwelt,
in denen Zeitströmungen und Irrungen karikiert werden.
Leicht schlüpfrig, respektlos, auch unerhört-derb, auf jeden Fall ein
flammendes Plädoyer gegen Oberflächlichkeit und für ein Mehr an
Toleranz.

Gedichte in vertrackten, von Schlaglöchern durchsetzten Beats.

Wie schon der Vorgängerband ´Wetzlar für Quereinsteiger´ weist auch
der aktuelle Band gelegentlich Referenzen zu Wetzlar, Goethe und
dem Apfelwein auf, was die vorliegenden Gedichte nicht daran hindert
universelle Aussagekraft für sich zu beanspruchen.

Zum Autor

Aus Hamm/Westf. stammend, ist Hermann Erb nach einigen Jahr-
zehnten als Hydrogeologe in Afrika, Lateinamerika und Asien seit
2009 in Wetzlar sesshaft. Hier widmet er sich in erster Linie bereits
früher entstandenen sowie neuen Gedichten.

Auf seiner Homepage www.stadtpoesie.de finden sich auch vom Autor
selbst gesprochene Gedichte.

Meinem Freund
Dieter Holzapfel (2018)

Hermann Erb

Zwischen Lahn und Orinoko

Gedichte

Inhalt

Typen & Tücken

Unerhörtes & Ungereimtes

Zwischenmenschliches
& Zwischentierisches

Außermatrimoniales

Ich liebte sie von früh bis spat
zwischen Müsli und Kartoffelsalat.
Wir matschten noch manch' Sahnehaube
zu lustvollem Stöhnen, willigem Geschnaube.

Sie ließ mich gewähren.
Und ließ sich umwerben,
selbst auf Zitronenscherben.

Sie ließ sich treiben
auf Orangenscheiben.
In Verbund mit Chillischoten
war für die Galerie noch Feuriges geboten.

Ich liebte sie auf meine Art
zwischen Meerrettich und Feldsalat,
pommes de terre an Reh-Ragout.
Rotkraut, Dessert. Dann war's gut.

Beileibe keine Kleinigkeit.
Die Stunden vergingen,
wir beide uns verfingen
in ausgelassenster Sinnlichkeit.

1986

Der Liebsten Lockung

Die Haarpracht, Rahmung perfekt gelungen,
wenn auch allmählich sie wird flüchtig.
Die Locken dünnen aus, noch sparsam doch ersichtlich.
Spielerisch übersä´n sie nun Laken und Böden, ebenmäßig geschwungen.

Ich weiß noch, was ich an ihr habe,
dasselbe wie vorher, nur weniger Haare.
Und sollten die dereinst vollkommen sein abwesend,
es füllemäßig so gar nicht mehr rocken,
verbleiben meine Gedanken dennoch gern, trotz allem Elend,
bei dem Prachtweib mit den Wahnsinnswuschellocken.

2013

Die Hoffnung stirbt zuletzt

Inzwischen wohnen wir zusammen
auf meinen viel zu kleinen, klammen
paar Metern. Im Quadrat und im Kubik.
Gequetscht, tordiert, doch voller Glück.

Ein Hardcore-Vorversuch,
zu widerlegen den hässlichen Fluch,
dass Wohnen, gemeinsam, von Mann und Frau
auf jeden Fall zu meiden sei, da dies nicht so besonders schlau,
wahrscheinlich gar der Obergau…

Doch warum sollt´ ich anders handeln
als andere Tröpfe, die sich verbandeln
mit ihrer tollsten Frau der Welt,
die viel verspricht. Und alles hält.

2014

Dünne wie Dicke

Altstadt-Traummoment
reine Freude schenkt.
Dies´ bei Dünnen wie bei Dicken,
die eigentlich ganz ähnlich ticken.
Auch wenn allmählich sichtbar wird,
dass Dünn im Stadtbild dick verliert.

Wir hoffen auf das Pendel,
mit ihm der Zustand ende.
Um wenigstens für kurze Zeit
extremenlos befreit zu sein von massiver Sinnlichkeit.

2012

Fein gestichelt

Blutrünstig macht sie sich an deine Substanz,
Vampiren nicht unähnlich.
Zur Ader dich zu lassen vollführt sie den Spitzentanz.
Du findest das unangebracht, bisweilen ′gar saudämlich.

Im Normalfall triumphal summet sie hinfort mit deinem kostbar′n Blut.
Aufgedunsen, schwerbeladen.
Mit Treibstoff für den einen Tag, allein für ihre Brut.
Die steht schwer auf rote Säfte, vorzugsweise süße, weniger die
trock′nen-faden.

Genauso würd′ auch ich es halten, wäre ich
re-inkarniert ein ballettöses Mückentier.
Sorgsam wählt′ ich meine Opfer & den Ansatzpunkt zum Stich.
Opfer bräuchte ich nicht viele, im Grunde reichst du mir.
Den zartesten Landeplatz sucht′ ich mir aus,
wo die Bohrarbeit leicht,
die Bohrtiefen seicht,
der Weg das Ziel aller Ziele, schwelgend in Saus und Braus.

Wenn immer dann du wirst ein Teil von mir,
ich deine Zellen atmen spür′,
ganz tief du mich erfüllst.
Mal′ mir gern aus, wie du dich fühlst…

Ein Liebesliedchen ich dir summe,
wenn ich in Nächten heim dich such′.
Ein andres dir zum Abschied ich brumme,
satt, taumelnd, voller Vorfreud′ schon auf den allernächsten Besuch.

Ich wüsst´ genau, was ich an dir hätt´,
ich käm´ drum immer wieder.
Deine Oktanzahl mit Abstand wär´ die höchste an meinem Bankett.
Du törnst an, machst schwindelig mich, bei all dem Auf und Nieder.

Drum gib dich mir doch endlich hin, weil später
krieg´ ich dich ja sowieso, als fliegend´ Quälgeist, saugend´ Missetäter.

1984

Frühlingserwachen/Prinzenmord

Es quakt schon lang der Frühlingsfrosch,
weil man ihm so den Arsch verdrosch.
Er ließ sich nicht recht küssen.

Befreit von Winters Zwängen
und Käf'gen, zumal engen,
wird er jetzt schmusen müssen.

Sein Schicksal hat es so bestimmt,
dass jetzt die Frösch' kussfreudig sind.

Zu diesem heil'gen Zwecke
kommen sie aus jeder Ecke.

Jedoch der Mensch in seiner Güte,
als eine seiner Geistesblüten,
die Asphalt-Bänder hat erdacht,
die ach so manche Wiese teilen,
was Teich' und Sümpfe zum Verweilen
für Frösch' nicht leicht erreichbar macht.

Recht fatal sogar zuweilen,
wenn sie zuhauf aufs Laufband eilen…

Trotz wohliger Vibrationen
wird es sich selten lohnen
Asphalt so schlicht zu queren.
Nur Ninja-Frösch' dies auf Touren bringt,
den meisten ewige Ruhe winkt
und Schluss mit dem Vermehren.

Daher der Rat an alle Frau´n:
Küsst lieber sie bis rot und blau,
wenn möglich noch im Winterbau.

Denn wenn ein Held geknutschet wird
er kein Verlangen mehr verspürt
nach asphalt-heroisch´ Taten.
Stattdessen konzentriert allein:
Wie kann ich Ihr zu Diensten sein?

Sollt´ er sich nicht sehr standhaft zeigen,
selbst mit der Kron´ sich vor dir neigen,
nicht um Respekt dir zu bezeugen,
das schwache Rückgrat tut sich beugen.
Ein klarer Offenbarungseid,
dass er nicht mehr zu leisten weiß.

Verleitet zum bewährten Brauch
- ganz im Grunde tät der´s auch! -
den Frosch gar impulsiv zu klatschen,
ihn an die Zimmerwand zu matschen.

Indes, vom vorschnell´n Klatschen rat ich ab:
es schmälert brüsk die Chancen,
dass letztlich doch noch wundersam
der Prinz aus ihm geküsset kam.

Für deinen Frosch der beste Schutz
ist, wenn du fernhältst ihm den Schmutz
der Straßen und der Sümpfe.

Stattdessen sollst du ihn liebkosen
auf Blütenbetten wie von Rosen.

Sollt´ er sich endlich regen
- schon Deiner Hingab´ wegen -
es doch noch spannend wird, ob Du statt einer Qualle feist
den Prinzen kriegst, der viel verheißt:
Latinolastig, langes Haar,
ein Blick wie glühend´ Kohlen;
germanisch-kühl, der Haare bar,
kurz, stumpig und verstohlen…

Und sollt er´s diesmal auch nicht sein,
lass dich nochmal aufs Spielchen ein,
probier´ ein weit´res schleimig´ Söhnchen.
Prinzipiell bleibt alles gleich:
Du ziehst ihn dir gleich aus dem Teich,
nimmst nur die mit dem Krönchen.

Den knutschest du was das Zeug hält…
Sollt´ es dir wieder nicht gelingen
trotz aller Müh´ und Pein....
klatsch ihn an Wand, setz ihn auf Straß´.
Und stell das ewige Suchen ein!!

Dies' Poem, letztlich doch triefend von Resignation.
Ich weiß auch nicht recht warum....
Wobei, ich persönlich fänd's gar nicht so dumm
würden wenigstens die allerprinzlichsten Prinzen
gelegentlich geschubst vom Thron.

2012

Gratwanderungen

Dem einen ist es viel zu lang,
dem andren wird allein schon bang,
weil das Gedicht ein Ende hat,
dies viel zu früh, selbst wenn ganz platt.

Vom Intellektuellen her ist das Gedicht viel zu verschraubt,
sagt der, dem ultimative Geistesschärfe zu eigen.
Der Analytiker stundenlang begeistert es zerklaubt.
Falsches Versmaß er verortet, Widersprüch´ in wildem Reigen.

Das Thema selbst ´ne Plattitüde,
spricht einer, der sonst nicht so rüde,
weil ihm das Thema nicht behagt.
Romantik nicht mehr zeitgemäß, schon darum zu gewagt.

Die hochsensibel, obendrein betont sentimental
ihm widersprechen, dies sei´s doch grade,
was uns völlig abhandenkam. Ein Verlust, fundamental.
Die Verrohung schreite voran, was ausgesprochen schade.

Daraufhin meldet sich endlich auch der Grantler,
der ständig benörgelt nur das gleiche, ähnlich einem Schlafwandler.
Er fühlt´ sich drum meist unverstanden.
Doch dies´ eine Gedicht
sei ein Schlag ins Gesicht
selbst für Literatur-Probanden.

So oder so ähnlich könnt´ es ausgeh´n,
stellt´ ich dies´ Gedicht zur Diskussion.
Daher lass ich´s sein, kenn´ die Einwände schon.
Stell´ es trotzdem euch vor, weil eurer Reaktion
kann ich einfach nicht widersteh´n.

2015

Immunität

Selbst Wortes Gewalt lässt sie eiskalt.
Ich hätt´ es wissen müssen.
Fühl´ damit älter mich als alt,
fühl´ mich derart beschissen.

Müsst´ eigentlich Pirouetten surfen,
müsst´ Purzelbäume schießen
um sie nicht weiter zu verdrießen.
Und an den Speck zu dürfen.

Unnahbar gibt sie sich zuweilen,
ich bleib bemüht zu Hilf´ zu eilen,
speichelleckend in noch-so-schiefen Lagen,
ihr unstetes Wesen, ihr Naturelle, ihr nicht nachzutragen.

Stattdessen beeile ich mich zu betonen,
jedem sei´n Verstimmungen doch nun mal zu eigen,
wenn die auch nicht jedem gleichwuchtig innewohnen.
Selbst der Himmel hängt eben nicht nur ständig voller Geigen…

Gegenüber unerklärlichen Phänomenen der Art
sollt´ tatsächlich ich nachsichtiger sein, mich erden.
Um nicht von ständig rotierenden Flügeln meiner exotischen
Windmühl´ unzart
schon bald völlig erschlagen zu werden.

2016

Irgendwo in den tiefen Wäldern

Weit, so weit dehnt sich der Forst,
zahlreich seine Bewohner.
Die Zecken, sie heißen mal Georg, mal Horst
und sind durchtrieben wie sonst nur Ramona.

Der stolze Hirsch röhrt,
solang's niemanden stört,
denn belastbar nicht sind die Zweibeiner,
die gelegentlich suchen die Forste auf,
zu suchen die Freiheit, was seiner-
seits das Kleinvieh nicht wirklich interessiert,
das hier seit längerem kaserniert.
Das würde eh'r sagen: Scheiß drauf!

Das viel lieber würde in Städten verweilen,
wo Partys und Burger, Beckenbodengymnastik
ihren Horizont könnten ausschlaggebend versteilen,
statt öd' im Walde zu begeh'n ihr blutiges Delikt.

So entschlossen sich, wenn auch reichlich spät,
die namentlich genannten Zecken,
gelangweilt von ständig dergleichen Bio-Volllastwalddiät,
zu meiden das Leben in Unterholz, Bäumen sowie Hecken,
um stattdessen aufzumarschier'n
wo warme Zweibeiner residier'n.

Wenn es denn gelänge
sich wirklich Freunde zu machen,
co-zu-existieren ohne jede Zwänge....
bleibt einfach man hocken auf dem fetten Wirt,
der nur Chips frisst und in die Röhre stiert.
Nix wochenlang´ vergebliches Wachen…

Zunächst mal super, so ein Leben auf Pump,
mit der Zapfsäule ständig verbunden.
Doch machte es Georg und Horst unendlich träge und plump.
Freibeuterleben adé, nie wieder im Kampf stolz erlittene Wunden.
Einer Zecke Lebenssinn
damit eigentlich ziemlich hin.

Der doch eh´r darin besteht den Wald freizuhalten
von lärmend-liebenden Menschenpaaren,
die meinen, sie müssten ihre Freizeit unter Föhren gestalten,
dabei der Zecken Appetit erregen auf Wohnstatt in feucht-warmen Haaren.

„Ja, wir ließen uns nur wenig elegant plumpsen
auf die, die da unter uns in Seelenruhe bumsten.
Den Rüssel ihnen einzutreiben,
von schaukelnden Leiben
zerrieben oder gewiegt zu werden
war für uns, rein sportlich geseh´n, das Allergrößte auf Erden.

Die städtische Existenz hingegen
ist kläglich, bescheiden, bei allem Respekt.
Wir wollen wechselnde Wirte, die beständig und taktvoll sich regen.
Nur so wir erzielen den erwünschten Trainingseffekt.“

Reumütig kehrten so wieder heim die Zecken Georg und Horst,
um Fitnesstrainer zu werden im geliebten heimischen Forst.
Motivationsstark und zentriert enorm,
bringen sie nun sich und die anderen Zecken in Form.
Lebensfreude maximal sie wollen neu verspür'n,
die sie im tiefen Wald so schnell nicht wieder werden verlier'n.

1992

Kettenrauch

Was damals noch war hipp zu nennen,
die Luft zum Schneiden im Lokal,
in der Disco, in dem Bahnhof, auf dem Schulklo, überall:
die Stengel durchgängig glimmten, oft schon vor der Penne.

Dort wo's qualmte, war was los,
gingen Unangepasste zu Werke.
Proletarier ohne Moos
probten den Aufstand, dass die Welt aufmerke....
Intellektuelle verschraubten sich
in Theorien zum Kurdenkonflikt,
Geschlechterproporz, zur Bildungsreform,
zu Lyrics von Hendrix, Janis Joplin. Das in etwa stellte die Norm.

Das alles klappte nur, solang' die Gedanken genügend abstrus,
das Hirn, im Rauch vergoren, besond're Blüten treiben musst'.
Im Verbund mit Alkohol
tat's Schwadronieren doppelt wohl.

Das Kettenrauchen hielt uns fit,
bei allerbester Laune.
Wir hätten gefühlt uns invalid,
wenn wir nicht beständig schwebten auf des Rauches Daunen.

Der Nikotin gab uns den Schwung
den Nichtraucher entbehrten.
Hielt uns rebellisch, im Kopfe jung
Zeitgeistiges stilvoll zu verwerten.

Romantiker und Revoluzzer,
Quergeist, Denker, Philosoph.
Allen war der Rauch zu eigen,
außer dem Anthroposoph´…

Zumindest diesen dünnen Hauch
Aufsässigkeit gegen´s Establishment
stolz wollen wir bewahren, für immer voll im Rauch…
bis dass die erste Herzklapp´ klemmt.

Drum lasst noch mal die Stengel glimmen,
hastig sie genießen, als bekämen wir nie genug.
Voller Verachtung fürs ewige Weltuntergangs-Gewimmer
das Leben leben als einzigartigen Selbstversuch,
bei dem wir willig woll´n die eigenen Kaninchen sein.
Auch wenn einige ketzern, das wäre voll der Selbstbetrug:
Ein freudloses Nichtraucherdasein jedenfalls kann doch wohl nicht das
Langfristziel sein.

2013

Muttertag

„Das Kind ruft nicht mal an",
die Mutter um vier schon verbittert.
„Ist schließlich Muttertag,
nicht etwa Tag der blöden Jedi-Ritter."

Wenn hier nicht sehr bald die Wende einsetzt,
die Kuh ist nicht mehr vom Eis zu locken....
Keine Beschwörung hilft, die Stimmung nachhaltig verätzt.
Angeboren der Automatismus, der uns das Ding auch diesmal ganz
sicher lässt verbocken.

In der uns eigenen Aufsässigkeit wir fortwährend räsonieren,
dass Muttertag ein alter Zopf, nur für unbelehrbar´ Irre.
Ähnlich Mantelsonntag und Valentinstag
eine einzige Verarsche, verordnete Beutelschneiderei,
Volksverdummung im höheren Grad,
auf dass unser Hirn endlich völlig verbrei´…

Egal wie du´s dreh´n magst, egal was du säst,
das Verhältnis zur Mutter steht längst auf gebrochenen Achsen.
Gegen mütterliche Sentimentalität
ist nun mal kein Kraut gewachsen.

Wie oft wir auch mit ihr telefonier´n,
Karten aus Malle schicken, die ihre Küchenfliesen verzier´n,
uns dankbar und liebevoll zeigen, sie sogar mit Partner besuchen,
ihr in uns´ren Abendgebeten einen vorderen Stammplatz buchen...

Nichts ist genug, solang' dies ganz spezielle Fest
nicht wird mit gebührender Hingab' bedacht.
Es scheint also klug es hinzunehmen wie's Ungeheuer von Loch Ness,
gegen tiefste Überzeugung zwar, dafür mit umso mehr Acht.

Diesen einen Tag machst ausnahmsweis' du mal keine Randal',
gibst stattdessen den Lammfrommen.
Ein Überlebenskonzept, sonst nichts, wir haben keine Wahl.
Ganz ungeschoren ist da noch keiner 'rausgekommen.

2013

Partnerwahl

Bist du zufrieden mit der Braut?
Tanzt sie für dich auf Spitzen?
Ist er der Typ, dem du vertraust?
Oder hat er überall noch 'ne andre sitzen?

Den Traumpartner aufzuspür'n ist nicht einfacher geworden,
seit Sonderangebote internetig geradezu überborden.
Wenn's nottut transkontinental
hast du die Auswahl. Und die Qual.

Der schicksalshafte Treff an der Supermarkt-Frischetheke,
längst überreif, ein Auslaufmodell.
Zwecks Frischfleischs wir auf der Couch uns nun räkeln.
Partnerbörslich wird gesetzt, unverbindlich, virtuell,
auf den alles entscheidenden Klick,
der uns schon hinführ'n wird zu dem Megahammerkick.

Wo ungeniert gelogen wird, dünne Images aufzuplustern.
Stets abenteuerlicher dort die selbstgestrickten Lebensmuster.
Und jeder hofft bald ranzukommen an den allseits verlockenden Speck,
bevor der vorschnell sich schon wieder stiehlt hinweg.

Letztendlich aber egal, die Auswahl schier unermesslich im www,
da wird schon noch was anderes geh'n.
Mit Startvorteil, wer in etwa weiß was er gewiss nicht will.
Die Kataloge sind ständig geöffnet, die Ware hält hoffentlich noch
etwas still.

Intellekt in meinem Fall nicht sonderlich wär' vonnöten,
zu viel Tiefgang würde nur alle Spannung töten.
Je ausgeprägter hingegen äußerliche Attribute,
umso stärker käme dies werbewirksam ihr zugute.

Bin auch bereit sie zu tragen auf Händen, die kraftvoll, niemals schwer,
die die Kohle nur so schaufeln, ihr täglich erlaubten den Gang zum Coiffeur,
Ganzkörper-Epilierung und den ewigen Teint von der Sonnenbank.
Renovierungen bei Beauty-Docs dabei schon eingepreist. Zerfall
macht mich nun mal krank…

Solang's eben geht soll sie sein meine Tuss.
Das soll auch so bleiben, bis zum nächsten Beschuss,
wenn wohlwollend mein Blick auf ein Objekt der Begierde fällt, das
ich mir gern würd' einverleiben.
Das Fieber bis zum entscheidenden Klick hilft mir die Lebenslangeweile
kurzfristig zu vertreiben.

2014

Rudi

Der Kater schleicht,
nass sind die Pfoten.
Egal, der Marder sonst nicht weicht.
Spektakuläres ihm wird heut´ geboten.

Um den Verstand wird es ihn bringen:
Jonglagen, Kopfstand, Katzennapf- und Tischerucken,
wenn´s Not tut sogar Schwerterschlucken.
Und gegen Ende – Höhepunkt - das beliebte Marderringen.

Ein völlig abgekatertes Spiel,
Theaterdonner in Reinkultur.
Die vermeintlichen Gegner längst ein eingespieltes Team,
äußerst überzeugend, auch wenn eigentlich gegen die Natur.
Es gilt ein höheres Ziel zu erstreiten,
Love & Peace endlich auch unter Tieren zu verbreiten.

Die Show, existenzsichernd wie Bolle
für Kater und Marder, die gewillt sind abzurüsten.
Soll´n die Zweibeiner doch weiterhin sich brüsten,
sie hätten noch immer die Kontrolle.

So spielt halt jeder nur seine Rolle.

2012

Stadtpropheten

Der Täuberich zur Taube spricht:
„Schatz, steht dir gut, dein Übergewicht".
D´raufhin das Täubchen den Gatten anzickt:
„Wart´ nur, bis du mich im Frühjahr geschwängert,
dann werd´ ich noch dicker,
wahrscheinlich auch zicker!",
sprach sie sich in Rage. Die Rede wurd´ länger....

„Dann wünschst du mich schlank wie jetzt im Winter
trotz leicht unproportioniertem Hintern.
Genieß nur, was sich bietet dir
in aller Pracht. Das rat´ ich dir.
Lass fahren hin Gedanken dreist
an Täubinnen mit schlank´rem Steiß.

Lass mich nur stricken unser beider Leben,
mehr Freud´ als Trübsal wird´s dir geben:
gar zahlreich soll´n uns´re Turtelkinder sein,
gerüstet früh mit Gaben, die warm-weiß-weich, ganz allgemein.

Verwunderlich, wenn da der Mensch, statt dass er ist betört,
sich immer öfter an uns stört.
Milben-Mutterschiffe wir wär´n, für seine Umwelt das reinste Gift,
das unkontrolliert flatternd Fußgänger immer haarscharf nur umschifft.
Selbst fliegende Ratten hört´ ich sie uns nennen,
unser unaufdringlich´ Wesen die nicht mal ansatzweis´ erkennen...
Das engelsgleiche Image ist damit zwangsläufig perdu.
Und was hatten wir gegeben uns unvergleichlich´ Müh´...

Das war's dann wohl auch mit dem Friedensgeschnäbel,
das zieht jetzt allein durch der Dalai Lama.
Entrüstet schwingen die ihre Krücken gegen uns wie Säbel,
das ganze Rentnerheer samt seinem miesen Karma.

Lass uns klug bauen nun auf diesen Ruf, den die uns angedichtet.
Lass uns Zeichen setzen, die glibberig und dickgeschichtet,
ihre prächtigsten Straßen und Fassaden
mit Auswurf bedecken bis an die Waden.
Mit uns'rem Anblick woll'n wir sie vergrätzen,
ihre teuersten Fummel und Fetzen ätzen.

Es geht um deren Respekt in diesem ungleichen Kampf.
Drum wollen wir donnern aus allen Rohren, bis sich der Darm
verweigert im Krampf.
Viele schon sind wir und werden schnell mehr.
Unmöglich, dass die auch nur ansatzweis' unser werden Herr.

Denk' global, denk' wenigstens einmal zukunftsgerichtet.
Du bist nicht allein deiner Libido verpflichtet."

So also sprach die Täubin zu dem Tauber,
voll Überzeugung, nicht ohne Zauber.

D'raufhin der Täuberich ihre Klugheit pries,
mit stolzgeschwellter Brust sie seine Gurre hieß.
Das Lebenskonzept schien ihm schlüssig gestrickt.
Er wußt' nun was zu tun, befolgte ihre Worte strikt
und deckte Bahnhof nebst Touristen ein mit seinem Exkrement.

So treiben sie's schon manch' Jahrzehnt,
verschafften sich tatsächlich Lebensraum und Respekt.
Und nehmen den Menschen gelassen hin, der rumpelstilzchengleich
stampfend und schimpfend,
an den beschwingten Wesen, die unser aller Leben bereichern, unver-
ständlicherweise aneckt.

1989

Su-Leica

Was nutzt die allertollste Leica,
wenn kreativ nichts aus dir dringt…
Obwohl, ein bisschen Neid bei andern
zu wecken dir sicher auch ohne gelingt.

Im Weglassen besteht halt die ganz hohe Kunst.
Wenn folglich die Erkenntnis dich übermannt
es mangelt dir selbst am fadenscheinigsten Dunst:
Gut sichtbar die Knipse mit dem roten Punkt in der Hand
und selbst du als Fotocrack wirst erkannt.

So promenierst du stolz mit deiner Leica,
wenn möglich unterstützt durch attraktiv′ Suleika.
Das wertet dich nachhaltig auf, in der Kombination sogar sehr.
Im fetten Cabrio kommen viele Möchtegerns daher…

Versuchst motivisch also du dich an deiner Suleika,
deutest lässig nur an was das Gerät alles kann.
Sind die Bilder nicht scharf, du bist′s allemal.
Suleika wird′s begrüßen, wenn du stehst deinen Mann.

2013

Unvorhergesehen

Was waren wir so schön im Fluss,
wie war er belebend, der erste Kuss.
Die darauf folgten nicht wen´ger, bei andern.
Wir wurden schnell Profis, liebten´s zu wandern.

Erst liebten wir Olga, dann auch mal Annette,
meinten lieben, tatsächlich, nicht Begatten in Kette.
Wir liebten sie wirklich, uns´re Herzdamen …
bis Astrid (die von Holger) mir erschien. Das war´s dann
schon wieder… Und Amen.

2014

Wandertag

Des Wand´rers höchste Freude ist,
wenn er auch was Vernünftig´s isst
nach den getanen Taten.

Dazu die Schoppen, ganz egal
umdrehungsvoll, umdrehungslahm.
Zum Wohl´ sie sollen uns geraten....

Die ganze Runde strahlt, in aller - zunächst müden - Pracht.
Trotz Füß´, die qualmend schmerzen, es wurd´ doch souverän vollbracht,
zum wiederholten, x-ten Mal
sich arg´ Strapazen ausgesetzt,
durch unbekannten Forst gehetzt.
Selbst Schnee und brennend´ Hitz´, gestemmt wurd´ letztlich jede Qual.

Nach Stunden in dem Unterholz
schon leicht bemoost, geschwitzt quatschnass,
Ausdünstung animalisch-stolz
macht´ uns zu Zielen erster Wahl für tierbedingten Aderlass.

Dem Holzbock wir uns ausgesetzt, ihm neue Heimat geben,
wo zart die Pelle, ausreichend lecker, dazu warm und feucht.
Wer sich der Hege bedrohter Spezies derart hat hingegeben,
dessen was da kreucht und saugt und fleucht,
allerhöchsten Respekt verdient, der kaum noch ist zu toppen
(was geradezu schreit nach einem Extraschoppen)....

Vom Tierwelt-Treiben unberührt - nach 23 Pils -
befreit von allen Zwängen, bejubelt von der Milz,
wird schwadroniert in Überläng´.
Gegangen wird erst kurz vor Bäng.

Geschmeidig schwankt sich's besser heim auf Alkoholens Schwingen.
Dem Wandertag ein Lobeslied, das werden wir ihm singen.
Und noch ein Lied für unser'n Held', der uns die Strecke legte,
uns animiert ohn' Unterlass, was letztlich uns bewegte.

Es tut so gut, wie jedesmal, wenn wir zusammen sind, zumal
beim Avant und beim Aprés, selbst bei dem Da-Dezwischen.
Entspannung pur setzt spätestens ein sobald
die ersten Erfrischungsgetränk' zischen.

2012

Wochenend´ und Sonnenschein

Das Wochenend´ schon wieder rum.
Ein schönes, wie so viele.
Zuviel getrunken, auch sonst viel gelumpt.
Vergessen all´ die Ziele,

die wir uns gesetzt, weiß schon nicht mehr wann,
weil so ging´s wirklich nicht weiter.
Augen- und Leibesringe sich schmiegten uns an,
ohn´ ersichtlichen Grund, doch nicht sehr erheiternd.
Wir blähten auf, wussten nicht wo´s uns noch würd´ blähen hin.
WeightWatchers-Zwangsteilnahme? Es drohte unendlich viel Disziplin.

Die zwanghaften Gedanken nun endlich Vergangenheit,
seit die Überzeugung sich machte breit,
müßig sei´s sich mit Vorwürfen zu überhäufen,
masozentriert fortwährend sich in Selbstmitleid zu ersäufen....
Viel besser das Ganze entspannter angeh´n,
grad fette Defizite auch als Neuausrichtungschance versteh´n.

Ringe sind schlicht unerlässlich, schon wechseljahresbedingt,
was einen, tief gefrustet, ans Saufen und ans Fressen bringt.
Den Rest erledigen deine Gene, kannst eh nix daran machen.
Dies bringt zurück entspanntes Lächeln, sogar fettes Lachen.

Bleibt also draußen, bleibt einfach mal fott,
elende Metamorphose-Gedanken!
Auch kommendes Wochenend´ bleiben wir im bewährtenTrott,
verschoben auf später das widerwärtige „zielstrebige Verschlanken".

Der Mensch als ein Gewohnheitstier
gern tief und stets ins Stöffsche stiert,
still vor sich hin orakelnd.
Er überlässt dem Zufall vieles,
viel mehr als dass er umsetzt Ziele.
Aussitzen wurd´ auch hier noch nie gewertet als Makel.

Wer heute schon an morgen denkt
sich viel zu leicht das Hirn verrenkt!

1993

Naturhaftes & Menschenwerk

Abgesang

Am liebsten er räkelte sich auf Treppen sonnengewärmt,
als Dorfkater ständig von wohlig' Wärme er geschwärmt.
Erwärmen konnt' er sich natürlich auch
für flugwarm' Vögelein,
die ihn beschimpften aus stolzgeschwelltem Bauch,
für taufrisch' Mäuse und ähnlich' erlesene Leckerei'n.

In seinem Outdoor-Restaurant gab Kater Rudi sich täglich die Ehr'.
Erst wenn's ganz hart kam, ließ er sich auch zu Dosenfutter bekehr'n.

Jeden Tag er wollte so auf's Neue erfahren
ein Herr zu sein in seinen allerbesten Jahren.
Im Vollbesitz von Geschmeidigkeit und Kraft,
stets willens was am liebsten – und häufig! - er geschafft:
Kamikaze-Vogelmütter, ihren Nachwuchs zu beschützen,
fliegen unbedachte Salti. Ihnen selbst wird dies' nichts nützen…

In der Luft, im freien Flug,
langt der Kater hin. Immer wieder. Oft genug.
Augen, Ohren und Gelenke
koordinierend sich verrenken.
Ständig neue Löcher in die Lüfte er geschlagen,
bis diese Vogelmutter länger nicht mehr tragen.

Der Mutter Kreischen jäh verstummt,
wenn sie in das Luftloch kummt.
Noch höher schraubt der Kater sich, Restdistanz zu überwinden,
pflückt Muttern im Trudeln. Rasend schnell ihr die Sinne schwinden.

Vorm völligen Blackout muss sie aber noch mal ausgiebig plärr'n,
Flügel schlagen, Pirouetten dreh'n, den Schnabel keck verzerr'n.

Das wär' in dieser Ausführlichkeit
nicht unbedingt nötig. Doch Rudi ist bereit,
macht das grausige Spiel auch für die Galerie,
zu zeigen, ein Held wie er verlernt das Haschen nie....

Vorgestern nun sprang er - kurz vorm Morgengrau'n -
etwas aufgeregt Bewegtem entgegen, ein Vögelein war's kaum.
Es war wohl eh'r ein Auto, das zu erjagen er versucht'.
Seitdem ist Herr Rudi nicht mehr. Es blieb bei dem einen Versuch.

Er war recht platt, begriff das nicht,
war er doch drauf trainiert, heimtückisch und verstohlen
tieffliegend' kreischend' Existenzen dicht
wieder Richtung Erd' zu holen…

Sein Grab ihm wurd' geschaufelt, bewegend, schweigend, bleich,
aus Pietät gebührend tief
um auszuschließen, dass Gefahr er nun noch lief
der Revanche vom vereinigt-gepeinigten Vogelreich.

Um auch für's Jenseits sicher zu stell'n des Helden Wohlbefinden
die Grube wurd' ganz auf Komfort gepolt.
Gepolstert mit flammendsten Blättern, wo Weine wild sich winden,
aus dem am liebsten er die kreischend' Gesellen geholt.
Die Blätter verziert mit ausreichend' Vogelschiss,
mit Gänseblümchen garniert und Federn von seinem letzten Riss.

Du hast dich am Ende vielleicht ein wenig selbstüberschätzt,
aber das Folgende versprechen wir dir fest:
Trotz des einen kapitalen Fehlers bleibt deine Position nicht nur jetzt,
sondern, weil du konkurrenzlos warst und bist, auf ewig unbesetzt.

2013

Abreibung

Idealerweis' am Strand aalt sich jede Menge Sand.
Mal schwarz, rot, gold, mal braungebrannt,
mal grob, mal fein, mal hochpoliert, mal eckig oder rund,
ist er in der Gesamtbeschau doch außerordentlich ziemlich bunt.

Zuckertrocken, beruhigend er uns durch die Finger rieselt,
Gleichmaß darstellend, Vergänglichkeit und Zeit.
Feucht er sich türmt zu prächtigen Wällen, Burgen, Pyramiden,
Strandterritorien markierend in aller Eindringlichkeit.

Das einzelne Sandkorn hingegen unscheinbar, winzig klein,
verletzlich sogar, ätherisch fein.
Drum tritt's nur ungern auf allein,
viel lieber mag's in Gesellschaft sein.

So summen und murmeln am allerliebsten sie alle zusammen,
um sich zu reiben und verspielt zu rammen.
Im Schwarm behütet die Spaßgesellschaft will genießen
ihren ausgeprägten Freiheitsdrang in stetem Körperfließen.

Der Mensch, in Unbesonnenheit und schlecht,
reißt öfters sie aus dem Verband,
hält sie - nicht ansatzweise artgerecht -
in viel zu kleinen Gruppen, selbst einzeln außerhalb vom Strand.

In Sandalen und in Höschen das Sandkorn dann verzweifelt purzelt,
vereinsamt, mithin tiefentwurzelt.
Um seine Freiheit es nun ringt,
es zwickt den Wirt, es juckt, es nervt, bis dass es diesem kräftig stinkt.

Wenn jetzt dem Sandkorn nicht sofort die Freiheit wird geschenkt
es grimmiger noch reagiert mit schmerzhaftesten Blasen
zwischen Zeh'n, gern auch im Höschen, vor allem dem noch nassen,
wo in hochsensiblen Falten schmirgelnd es besonders brennt.
Es nervt beständig und solang', bis es dann doch noch wird entlassen.

Gelegentlich der Mensch sogar versucht es festzusetzen in Beton,
was es ihm auch nicht sonderlich dankt.
Mit Geduld es ihm gelingt zu entfleuchen selbst dieser Fron,
wenn der Beton bald schon zerfällt zu einem Häufchen Sand.

2008

Am Deich

Der Kaiman döst auf kühlem Sand,
schwer schläfrig noch am Mamoré-Strand.
Bedächtig er sich räkelt auf seiner Sonnenbank.
Um diese frühe Tageszeit fehlt ihm zum Fischfang schlicht der Drang.

Selbst Gäste, ungebeten, gelangweilt er nur blinzelt an
aus eng geschlitzten Pupillen.
Doch ein jeder hier weiß: Wer den Kaiman blöd macht an,
bekommt rasch zu verspür´n den killerhaften Widerwillen.

Sehr reich ist die Region, nicht nur an Kaimanen,
weiten Ebenen, bestanden mit zartester Rinderlende.
Auch an Sümpfen, Flüssen, dichtem Wald, die beständig warnen
vor Schlangen, Piranhas, dem Jaguar. Und halt Kaimanen, ohne Ende.

Solang´ der Mamoré mit seinen 1000 Armen kaum mehr ist als ein Rinnsal,
der Kaiman wähnt sich in Schlaraffenlanden.
Ausreichend früh die Sonne wärmt, Fischschwärme überall.
Mücken-Invasionen sind ihm schnurz. Ihm kommt der Fressspaß nicht
abhanden.

Wenn der Fluss dann über seine Ufer tritt, alles sich in ihm verliert.
Das Wasser spannt sich weit über die amphibische Landschaft,
in der Ortschaften für gewöhnlich für Monate isoliert.
Nur ein Deich das Übelste verhindert für die Hauptstadt Trinidad.

Jetzt sind hier die Menschen von besonders gelassener Art,
herzlich, bodenständig, vernarrt in ihre Provinz. Und in ihr Trinidad.
Dafür lassen sie gerne sich auch als Provinzler belächeln.
Piranha-Restaurants, bolivianisches Bier, die Tanzbars am Deich
stets zaubern hervor unverfälschtes Hecheln.

Und wenn die Fluten im Amazonasbecken
Monate später sich wieder verstecken,
Land und Wasserläufe auszugestalten,
freut man sich hier auf unbeschwerte Wochenenden
an zurückgelass'nen Seen und den Mamoré-Stränden,
mit Kaimanen und Piranhas, die dort nur sehr selten ungehalten.
Piranha-Restaurants, bolivianisches Bier, betont lockere Tanzbars
am Deich nun besonders beherzten Zuspruch erfahr'n.

2001

Aufgewühlt

Von tiefhängenden Wolkenfetzen gestreift
stoßen Wellen himmelwärts.

Unablässig Wasserberge laufen an, manche zu voller Größe gereift.
Wie aus dem Nichts sie sich versteilen, türmen sich auf zu
Dämmen geschwärzt.
Auf ihrem Höhepunkt schaumbekränzt, wenn auch nur für Sekunden,
bis Wind- und Wellenkraft die weißen Köpfe ihnen abreißen,
die Massen sich überschlagen, abrutschen in tiefe Schrunden,
und vergeh'n im Wellental in violett-irisierendem Gleißen.

Alles an dieser Landschaft ist flüchtig. Ihre Gestalt
wie ihre Bewegung, die Auswirkung der ihr eig'nen Kräfte.
Unergründlich lockend, geheimnisvoll jung, dabei ewig alt.
Aufgepeitscht, unbeherrscht schaukelnd in ihrer kalten Sänfte.

Düster durchweg das Spektrum ihrer Farben.
Ein Hauch von Flaschengrün, Pechschwarz überwiegt, alles
Leben darin verwaist.
Furchteinflößender Atlantik, ein Spielball nur die Betrachter. Sie darben,
kein Fixpunkt in der Wasserwüste, die urgewalt alles verspeist.
Und ständig auszubrechen droht, dabei sicherlich nichts verschont,
aus dem barocken goldenen Rahmen, der über meinem Schreibtisch thront.

2018

Ausgewildert

Lang hattest du mich schon begleitet,
meine Umgebung insgesamt zum Besseren verleitet.
Auf Ausgleich stets warst du bedacht,
der Contenance hast nie entsagt.

Zeitgeist-Gewäsch zu keiner Zeit für dich war von Belang,
du setztest mehr auf ew'ge Werte.
Zufrieden mit dem, was dir das Schicksal zugedacht,
hast stoisch du ausgesessen Moden und Zeiten, allein dank deiner Härte.

Im jahrelangen Zusammenleben
verbittertest du nicht. Stets stolze Haltung war dir gegeben.
Des Lahn-Dill-Berglands unverfälschtes Kind,
ursprünglicher als die meisten es sind.

Reichlich rücksichtslos hatte ich dich deiner Heimat entrissen
und weit verschleppt. Deine Schönheit provozierte den Frevel.
Allein für mich wollt' ich dich haben. Mich kümmerte kein Gewissen.
Wir sollten fortan zusammenhalten, so wie Pech und Schwefel.

Deine unterkühlte Art machte mich sinnig,
aus dunklem Rot sprach tiefe Lebenslust.
Ich war dir verfallen, zutiefst und innig,
du Schmeichler gegen den Alltagsfrust…

Doch jetzt naht der Abschied.
Die neue Wohnung ist wirklich zu klein,
ich konnt' es nicht verhindern, ich dich wirklich nicht verriet.
Unsere Beziehung wird völlig neu zu gestalten sein.

Ich werde dich aber nicht alleine lassen
- über tiefe Gefühle setz´ ich mich nicht einfach hinweg -
und setze dich wieder aus, wo ich dich einst fand in den Massen.

Als nun Weitgereister, zurück in deiner Steinbruchseck´,
du sicherlich noch attraktiver bist für deine
Gilde der Roteisensteine.

Dass du was Besseres, lass spüren sie nie,
du würdest womöglich rasch ausgegrenzt.
Vor allem aber lass niemals dich fallen in tiefe Melancholie,
wenn an vergangene Zeiten du denkst,
genüsslich rastend vor unserem Haus,
gegrüßt, viel bewundert jahrein und jahraus.

2014

Bikinizone

Sie ist noch da, die Sahara.
Sie dehnt sich sogar aus.
Glücklos ihre Bewohner, die da
schon immer an ihrem Rand harrten aus.

Die nun erfahren müssen,
dass Regenzeiten, einst verlässlich,
dem Acker und dem Vieh
so gut wie nichts mehr nützen.

Verschoben, eingeengt der Sahara Rand,
der bisher war bewohn- und nutzbar.
Es greifen in Weiten schier unabsehbar
immer mehr um sich nur Steine und Sand.

Wo gestern noch die Herden
getrieben konnten werden,
auch was zu Fressen fanden,
Touristen heut' anlanden.

Des Reisenden CO_2-Bilanz,
daheim gewesen hochbrisant,
hier kaum noch ihn verdrießt.
Sein Mut hingegen erstaunlich sprießt,
sich ins wildeste Afrika aufzumachen,
sich Eingeborene anzulachen,
egal welchen Geschlechts.
Das kostet auch kaum, was ihm ist sehr recht.

Betont munter kulturell der Austausch geht vonstatten
im Wasser, Sand, auf Kokosmatten,
woraufhin der Besucher schwärmt:
"Verständigung der Völker wärmt".
Beim Akt, lokal vollendet vollbracht,
globales Denken doch bedacht.

So meint er, dass sein Beitrag
dem Staat, dem Dorf geholfen hat
die Not, das Leid zu mindern
der jungen Männer, Frau'n und Kinder.

In Dörfern subentwickelt,
wo's noch authentisch prickelt,
teilzuhaben am Untergang der Andern
anstatt den gähnigen Rennsteig zu erwandern,
zeugt von globalem Hoch-Interesse.
Neigungen ganz andrer Art gern dabei schon mal vergessen.

Schulterzuckend der Besucher nimmt sich vor,
ein weit'res Mal, an andrem Ort,
in möglichst jungfräulicher Region, auf jeden Fall weit fort,
der Völkerverständigung nachzuspür'n.
Unstillbar sein Forscherdrang, hormonell er ihn wird führ'n.

Bis es ihm dräut, wenn auch zu spät,
dass nach dem Klimakollaps selbst klimaxmäßig nix mehr geht.
Von der Erkenntnis unbeeindruckt
Sahara eilends weiter vorruckt.

1996

Der Globus quietscht und eiert

Der Globus quietscht und eiert,
verbogen seine Achse,
die Schenkelbolzen ausgeleiert.
Aussichten recht durchwachsen.

Der Planet der eitlen Laffen
beherbergt keine Affen mehr.
Die Wälder längst dahingeraffen,
vergiftet gründlich die Atmosphär'.

Wildnis, gewichen streng kontrollierter Kulturlandschaft,
wo Agrarwüsten blüh'n monoton, überschaubar, fabelhaft.
Die Artenvielfalt lange schon vollends für die Füße,
schwärend' Lagerstättenwunden senden tiefempfund'ne Grüße.

Sie ist uns wohl ein wenig aus den Fugen geraten.
War sicher nicht geplant, dass sie genau so werde,
als wir uns ließen nachhaltig fehlberaten:
„Macht sie Euch untertan, die Erde".

Wirtschaftsinteressen regieren seitdem unsere Welt,
nur erbärmlich skizziert die möglichen Alternativen.
Solang der Börsen-Index nicht ins Bodenlose fällt
uns euphorisiert dies' Wahnsinnsgefühl, das nicht mal innehält,
wenn Erdachsen verbeulen, Klimate droh'n sich zu verschiefen.
Der Akt bleibt ständig der auf dem Drahtseil,
doch das ist wohl genau der Kick. Das macht uns erst so richtig geil.

Wir geben den Gutsherrn im hochriskanten Spiel, wie immer.
Selbstsucht uns brachte schon mehrfach bedrohlich nah´an den Rand.
Wir uns nur fügten drängendsten Notwendigkeiten. Das Gewimmer
der Untergangspropheten nervt, deren Weltsicht sowas von überspannt.

Wir haben viel experimentiert, das Glück des Tüchtigen gehabt und
fühlen uns allmächtig.
Irgendwann wir haben es endlich so weit getrieben
selbst Kontinente zu verschieben
(bei Geschwindigkeiten, die zunächst auch nur mittelprächtig).
Bis dies´ soweit, gibt es kein forschend´ Ruh´n.
Sobald wir´s vermögen, werden wir´s tun.

Nicht wiedererkennbar der Globus mit seinen kläglichen Resten,
die völlig neu wir arrangiert, zu seinem und zu uns´rem Besten.
Streng verbindlich die Normen zum Einheitsbrei-Optimiering,
die Welt weiterhin gesunden soll am Geo-Engineering.

Wir brauchen nur zu funktionier´n … bis zum finalen Knall.
Vielleicht ist das Glück uns dann noch einmal hold bei einem furiosen
Abgang, gänzlich frei von irdischer Qual,
wenn in phantastischem Feuerwerk zur Musik jaulender Achsen wir
rückstandsfrei verpuffen im All.

1982

Drunten am Fluss

So still. Beruhigend das ferne Froschgequake.
Schwarzer Samt deckt ölig-träg´ den Fluss.
Gerüche süß, durchdringend schwer, von Pflanzen, die tief atmen.
Es sinkt die Nacht, fragwürdig´ Ruhekissen für des lauten Tages Schluss.
Und Kreaturen, die sonst schwimmen, krähen, jubilieren,
von ihrem Schlafplatz aus ängstlich sie ins Dunkel stieren.

Was andern, die auf Nacht geeicht,
nur sehr recht ist. Sie plagt der Hunger.
Mit Sinnen und mit Krallen scharf, leicht
durchgleiten sie die Nacht. Zielstrebig ihr Herumgelunger.

Um irgendwann die Stille - nur ganz kurz - zu brechen….

2002

Ein ungleiches Paar - Lahnwärts

Nach langem, ausuferndem Schlingern
durch Sumpf und Morast ihrer Au'n
entschließt sie sich, obwohl inzwischen trainierter Swinger,
zu lustvollem Zwischenspurt bei allerbester Laun'
in geradlinig-hingebungsvollem Fließen.
Kein Stück mehr gelangweilt wie die ganze Zeit schon seit Gießen!

Nur kurz noch angetäuscht eine letzte Schlinge,
dann ist die Zielgerade erreicht.
Nur noch ein Wehr überpurzelt samt allen mitgeschleppten Dingen.
Um's feuchte Herz wird's ihr ganz leicht.

Und schließlich gibt's gar kein Halten mehr: sehr viel rascher sie nun gleitet
in ausgelassener Vorfreud' auf dem allerletzten Stück,
weil begeisterter Empfang ihr wohl auch diesmal wird bereitet
in Wetzlar auf Höhe der Alten Lahnbrück'.

Hier finden sie endlich wieder zusammen
um aufzunehmen lang unterbrochenen Tratsch.
Zu erzählen haben sie immer, die alten Damen,
vorherrschend' Themen: Glamour, VIPs, Lokalpolitik. Klatsch.

Die Eine dabei streng auf Taille bedacht,
gertenschlank, schier unendlich lang.
Anlassgemäß immer passend hergemacht,
Stimmungen widerspiegelnd in ungebremstem Überschwang.

Im Nebel wie in Chiffon gewandet, bei tiefer Sonne paillettenbesetzter Traum.
Nur selten mal ganz transparent, stattdessen meist leicht opak.
Bevorzugt erdig die Farbtön' dabei, von Kitt bis zu Rehbraun.
Wenn allerdings mal saphirgrün, kommt sie besonders stark.

Die Andere, die Brücke, ausgesprochen konservativ.
Stets grau gewandet ist bestenfalls sie ansatzweis' lasziv.
Unverrückbar gegründet, in keinem Moment gestresst.
Verlässlich, Fels in der Brandung, Standhaftigkeits-Manifest.

Trotz ihrer Grobheit verseh'n mit Proportionen, die überaus gelungen.
Das Stadtbild mitbestimmend, erhaben harmonisch geschwungen.
Das gewichtige Bauwerk gewinnt sogar unerwartete Leichtigkeit,
wenn im pastelligen Tagesverglüh'n
flirrend' Lichtreflexe der Lahn in kecker Ausgelassenheit
betanzen ihre kräftigen Schenkel, die frei nun scheinen aller Müh'n.

Wenn der Wind dann völlig erstirbt,
sich sogar Doppel-Brücken erheben
auf dem Seidenglanz-Fluss, der wirbt
mit der Brück' für die Stadt. So wie man kennt Wetzlar eben.

Zwei, die Vieles gemeinsam gesehen und ertragen,
was Andren längst geschlagen wäre heftigst auf den Magen:
Paddeltourismus, Schiffsverkehr,
Überschwemmung, Feuerwerk,
Herzschmerz und selbst Fernverkehr,
das Ganze alk- und erzbeschwert.
Wasserverschmutzung, Marinekameradschaftssingen,
Fontänen, die phönixgleich zur ewigen Polka springen.

Die geschwätzigen Damen, seit langem fest entschlossen hier
zu einem perfekten Zusammenspiel, sind beständig eine Zier.
Wo sie aufeinandertreffen, melodiös-plaudernd, lästernd kokett,
sie durchgängig uns beglücken mit ihrem nie langweilenden Duett.

2013

Frühlingsbeginn

Die Hündlein schon tollen,
die Menschen auch wollen
sich lösen aus winterlich′ Zwängen.

Von ihrer besten Seite sich zeigen,
sich einzureihen in luftigen Frühlingsreigen,
den Kalk aus steifen Gelenken schütteln,
entschlossen an winterlich′ Käfigen rütteln,
Einengendes zu sprengen.

Der Erpel jagt die Ente, bis Freud′ wird selige Qual,
in schwindelerregenden Flugmanövern, waghalsigsten Stunts.
Aufgeregt alles äugt nach Nestbaumaterial.
Es flötet, zwitschert, jubelt. Die Welt spielt auf zum Tanz.
In allerhöchsten Tönen ein jeder balzt oder erhört,
was den gelung′nen Frühlingsanfang naturgemäß nicht stört.

Pastell′ne Tupfen zeigen sich schon auf Büschen und der Bäume Ast,
zu winterlich′ schwarzgrau′n Gerippen wohliger Kontrast.
Ein geblümter Teppich breitet sich aus darunter.
Die Szenerie lädt zum Verweilen, zu Liebesspielchen munter…

Der kleine Hund in seiner Not
kackt alle zarten Pflänzchen tot.

2017

Gelichtet

Geschlossen die Front, in der trutzig sie die Arme verschränken.
Ihre grünen Häupter gierig sie zum Lichte renken.

Lichtkaskaden die Kronen der Bäume durchwabern,
nur wenigem gestattet der Bodenkontakt,
wo es der Lichtung Gras und Blumen in beständig pulsierenden Adern
mit Helle und Wärme überschüttet in überaus spendablem Akt.

Üppig die Blumen, die hier sich sonnen,
goldene Gräser sich ihnen taktvoll schmiegen an.
Leisester Windstoß weckt nahes Blattwerk aus dösenden Wonnen.
In gespielt unwirsches Rauschen er es versetzt sodann.
Umworben von wärmend' Strahlen, die die Lichtung betasten,
steigt auf ein süßlicher Geruch, filigran wie zartdamasten.

Die Lichtung atmet Ausgelassenheit,
wenn Schmetterlinge gaukeln,
trunken vor Glückseligkeit.
Wo's eine Lust ist sich zu schaukeln,
solang die jugendlichen Bäumchen in unschuldiger Tracht
die Lücke, die ein Riese riss, nicht wieder zugemacht.

Die Zeit ist kurz bemessen. Doch noch schießt Grün empor
um bewundert, umspielt, gerupft, verdaut zu werden.
Die Lichtung so auch Treffpunkt manch' größerer Kreatur.
Zum Verweilen ein vortrefflicher Platz. Auch zum unerwartet
schnellen Sterben.

2014

Guter Mond

Spiegelt tief sich auf dunklem Wasser,
sanft schaukelnd, wenn letzte Enten sein Abbild queren.
Um nach der Tageshektik nun endlich auch die Ruh´ zu ehren.
Seelig beschwebend die Szenerie kennt er keine Hasser.
Was könnt´ man um diese Zeit auch Angenehmeres verlangen
als Wesentliches zu erkennen, sinnenscharf im Jetzt verfangen?

Mit silbrigem Licht schmiegt tastend er sich an,
verzaubert, was er stolz begießt in unnachahmlichem Plan.
Behutsam verschiebend seine Perspektive,
zurückhaltend auszuleuchten auch menschliche Motive.
Um gnädig Konturen nur aufzuzeigen,
Details hingegen verschämt zu verschweigen.
Bereit zu glätten so manche Falten,
die sich schon eingeschlichen, markante Gesichter auszugestalten.

Umworben, eingelullt, umhüllt von des Mondes fahlem Licht,
das kühlend wärmt und nicht der Nacht Bedeutung bricht.
Der Phantasien treuer Freund,
wenn sich finden im Park die Pärchen, erfüllungsuchend-verträumt.

Verlässlich dieser Schmeichler, der´s immer wieder schafft,
uns auszusöhnen mit der Welt und der ansonsten verlorenen Nacht.

2015

Regenzeit

Die Luft schon durchwirkt von leichten Marmordüften,
für den lang ersehnten Regen allererstes Indiz.
Doch viel zu schwach und unstet streichen noch die Lüfte.
Beklemmung in den Dörfern schon deutlich zugespitzt.

Mühsam die Wochen, die vergangen. Beständig sie sich mehrten,
in Hitze, Staub, Entbehrung.
Die Vorratsspeicher, wie schwindelnd schnell sie sich leerten...
Brunnen, Böden, schon lang unergiebig. Alles allein geprägt vom Schwund.

Gedrückte Stimmung auf den Menschen lastet.
Wenn die Winde doch endlich schon aufgefrischt hätten...,
der Staubteufel vollführen könnt' die wildesten Pirouetten,
wenn durch die Dörfer dreckschleudernd er hastet.

Zäh' die Wochen, die vor ihnen liegen. In Hoffnung, die verwegen.
Denn nach wie vor gibt es nur Null Garantie auf Regen.

Warten auf Erlösung von Ungewissheit, die schier unerträglich.
Verzehrend die durchlittene Zeit, allein dem Glauben zuträglich.
Und in des Regenzeit-Schauspiels vorbereitendem Akt
wetterwälzenden Spektakels, graubraun, öd', verstörend nackt
ein stickiges Staubzelt sich spannt
über das gepeinigte Land.

Schleimhaut in Schmirgelpapier sich verkehrt,
erdrückend' Hitze nun auch leichtestes Schlafen verwehrt.
...bis der Staubteufel dann tatsächlich erscheint,
als weiterer Vorbote freudig beweint,
und eine Staubwand heranrollt in des Schauspiels nächstem Akt.

Mächtig, beängstigend, alles Licht verschluckend auf ihrer Jagd,
sturmböenbegleitet, von hunderten Blitzen durchwirkt.
Zögerlich keimt die Gewissheit, dass sich vielleicht hier
doch noch eine Zukunft gebiert.

Und dann die ersten Tropfen,
schier greifbar nun die Lösung existenziellster Sorgen.
Dick und schmutzgetränkt hämmern sie hernieder.
Undurchdringlich der Vorhang, zu dem sie sich verzopfen
in rauschenden Kaskaden. Als gäbe es kein Morgen
stürzen sintflutartig sie sich auf alles in erbarmungslosem Hieb.
Zu zertrümmern, zu vernichten ihr offenbar einziger Trieb.

Die gepeinigte Erde, überwältigt von den Massen,
weist anfangs brüsk zurück das infernalische Geprassel.
Selbst abfließende Fluten noch von Zerstörungswut begleitet...,
bis das Erdreich das Geschenk annimmt und in den Untergrund es leitet.

Das eben noch ausgedörrte Land
beginnt zu verströmen, sinnenbetörend, schmeichelnd wie Samt,
sein Parfum charaktervoller Düfte,
die erdig-fruchtbar sättigen die Lüfte.
Süßlich-modrig ihr Atem, an Aromen unsagbar reich,
Inbegriff neuen Lebens. Sattgrüne Felder er verheißt.

Doch immer noch ist nicht klar ob die Hoffnung tatsächlich aufgeht,
zusammen mit der Saat, lang vor dem großen Regen gesät.
Falls die Bodenkrume nicht zu stark abgeschwemmt,
falls Heuschreckenplagen bleiben aus, falls die Familie bleibt gesund,
falls der Grundbesitzer sich nicht wieder gegen Abmachungen stemmt.
Falls über Falls,...und...und...und...und.

Zweckoptimismus ist hier beständig Tagesorder,
selbst wenn der Regen mal wieder nicht fällt.
Leidensfähigkeit, Anpassungsbereitschaft durchgehend sind gefordert.
Sie haben keine Wahl. Um nach Europa zu emigrier'n fehlt ihnen
schlicht - noch immer - das Geld.

2007

Schwungvoll

Ohrgeschmeide, besonders Hänger,
vermitteln sinnlich zwischen Hals und Ohr.
Als aufmerksamkeitsstarke Blickfänger
pendeln sie die tollsten Effekte hervor.

Ihrer Trägerin verleihen sie den Touch 'mondän-verführerisch',
verstärkend jede noch so kleine Regung
zwischen widerwillig und euphorisch.
Die Pretiosen fliegen gnadenlos, Indikator ihrer Erregung.

Mal Silber-, Gold-, mal Messingwerk. Mal filigran, mal kolossal,
mal geometrisch äußerst streng, mal jugenstilig verspielt floral.
Prunkvoll verziert, Versuchung direkt vom Beelzebub,
die Trägerin es in Szene setzt wie für den Sündenfall.
Die Hänger blinken ungehemmt bei maximalem Hub.

Chandeliers und Fetischpendel, besonders ausgefallen
in den aberwitzigsten Formen. Vor allem wenn betont kristallen,
erregen allfällig sie stetes Wohlgefallen,
wenn Teile mit zerbrechlichem Ton neckisch aufeinanderprallen.

Exquisites Gehänge, sorgfältig gewählt,
mit Funkeln, Glanz und Klimpern es meine Welt erhellt.

Um dem Geschmeide jedoch die volle Geltung zu verschaffen,
eine freie Halspartie wird vorausgesetzt.
Das Verstreichen störrischer Strähnen lässt uns erwartungsvoll gaffen,
wenn die Haarpracht getürmt elegant oder sorglos, wie gehetzt.
Die Aktion ein Stück weit sehr vertraulich zu nennen,
lässt sie doch die Bereitschaft zur Teilentblößung erkennen.

Wen der Vampir schon ausgemacht als Nahrungsquell´,
den schützt solch´ prangend´ Ohrgehänge
entsprechend Größe und scharfer Kantenlänge
auch in der allergrößten Not, vor allem halsarteriell.

Dies weiß die kluge Trägerin und setzt bewusst diese Waffen ein.
Zur Sicherheit, zum Flirten auf Nah- und Ferndistanz. Um hellauf zu
begeistern, Ohrhänger müssen sein.

2014

Treppenblues

Der Atem pfeift, der Schenkel krampft,
ach, wär´ der Anstieg schon genommen....
Ist erst der Apfelwein verdampft,
ich nur noch ansatzweis´ benommen.

Glücksmomente so wie diesen
nicht verschaffen Felder, Wiesen,
meist gewachsen reichlich platt.
Steile Altstadt-Pfade,
oft getreppt, zum Workout laden.
Schnell ist´s vorbei mit müd´ und matt.

Und hier setzt ein nun die Betrachtung,
das Hohelied zu mehr Treppenachtung:

Durchsetzt die Altstadt von zahllosen Stiegen.
Paralleluniversum, wenig bekannt.
Nicht autonutzbar, steil, verschwiegen,
dämmerschläfrig, eingeklemmt, oft nicht einmal erahnt.
Falls jemals sie einen hatten besessen,
die Namen wär´n schon lang vergessen.

Stiegen, Treppen, vernachlässigt´ Facette im Altstadt-Brillant,
hielten bisher überraschend aller Modernisierung stand.
Heut´ scheinen die Treppen unzeitgemäß.
Wir schonen uns´re Muskeln, seien ´s jene vom Gesäß,
die der Schenkel, Herz und Lungen.
Autos, flache Wege, Bequemlichkeiten, seid umschlungen!

Körperspannung, die dich geprägt,
schon jahrelang schmerzlich vermisst.
Der Zerfallsprozess nun mal so angelegt.
Dem Schicksal du dich gern ergibst.

Doch bevor die Treppen überbaut,
vergessen überhaupt,
es sicherlich noch lohnt
den ganz eig´nen Charme, der ihnen innewohnt,
erneut hervorzukehren, für ihre Nutzung gar zu werben.
Sonst absehbar die Altstadttreppen sang- und klanglos sterben.

Mich träumte von durchaus ansehnlich´ Pflanzen,
auf Treppenmauern sie üppig rankten,
die Stiegen von Namenlosigkeit befreit.
Auf denen Feste sich feiern lassen.
Läufe auf Treppen, nicht nur in den Gassen,
stärkten Waden und Zusammengehörigkeit.

Und falls auch du dich hochkämpfst die Steigung,
sprich laut dies´ Gedicht entsprechend Neigung.

2015

Wehrhaft

Fortwährend gischtet es, grummelt und seufzt,
abhängig davon, wieviel Wasser läuft
über seine rauen Flanken.

Vom Zahn der Zeit schon arg gebeutelt,
tief-schrundig ergraut seine spröden Häute,
gerät das Wehr doch nicht ins Wanken.

Streng korsettiert erfährt die Natur
am Wehr der Lahn eine harte Zäsur.

Nur Gänse, Enten, Reiher, vielleicht sogar der Fisch
genießen den gedeckten Tisch.
Wobei der Fisch ganz eigentlich
nicht wirklich darauf ist erpicht
von irgendwem gespießt zu werden.
Doch wer meint hier durch zu müssen, riskiert hier auch zu sterben.

Geschunden durch Betonkontakt
wähnt er sich schon durchs Katarakt.
Zerkratzt an seinen Rändern,
benommen er schlicht nichts bemerkt, könnt´ es auch nicht mehr ändern...

Der große Graue auf dürrem Bein weilt in dickster Gischt
und schnappt sich den geschund´nen Fisch,
der teilenthäutet, filetiert
des Reihers Speiseplan nun ziert.

Vegan hingegen die Entenmänner, die ausgiebig bemüht
dem Druck des Wassers nicht zu weichen, der auf dem Wehre ihnen blüht,
wo frischeste Salate werden gern gegründelt,
die massenhaft dort steh´n gebündelt.
Am leckersten die Leckerbissen
genau in jenem Teil der Strömung, wo die besonders ist gerissen.

Das Erpelbattle nicht allein dient dem Erwerb von den Salaten,
es schafft auch Anseh´n bei den Nixen,
die, tief beeindruckt von derart furchtlos´ Gründeltaten,
hingebungsvoll schnattern, flattern, gicksen.

Die Nilgäns´ - souverän - ersparen sich jeden Hype.
Sie laufen außer Konkurrenz.
Nofretete, Tutanchamun, Ramses, die ganze Prominenz
der Ahnen ist ihnen geschrieben auf den Leib.
Sie wissen, allein in der Ruh´ liegt letztlich auch die Kraft,
die Anseh´n, Nimbus, nicht für Momente, sondern für Generationen schafft.

Gern gesehen sind sie hier nicht, die ständigen Gäste,
auch wenn sie Impulse frisch dem Wehrbereich bringen,
mit dem gewissen Schuss an Exotik, für´s Bunteste und Beste.
Möge Toleranz gegenüber Andersartigkeit wenigstens hier bereichernd
gelingen...

2015

Typen & Tücken

Ach hätt´ ich doch, ich würd´ dann noch...

Ach, hätt´ ich doch mehr von ihnen gehabt,
den Blonden, den Roten und Braunen.
Mich nicht nur rein optisch an ihnen gelabt.
Wär´ Anlass genug in meinem Club zu ungläubigem Staunen.

Ach, würd´ ich sie doch näher kennen, die Braungebrannten, die
vornehm´ Bleichen,
die Schönen, Edlen, Berühmten und Reichen,
von den Geissens bis zum Dalai Lama.
Käm´ saugut bei jedem Party-Smalltalk, bekäm´ vielleicht sogar
meinem Karma.

Ach, hätt´ ich doch damals die Wüste Thar,
gleich nach dem trutzigen Vogelsberg,
allein gemächlich zu Fuß durchquert.
Ich wär´ wahrscheinlich längst schon ein Star.

Ach, hätt´ ich doch den Reinhold Messner zum K2 begleitet.
Der Hang zu jeder Art Gipfelsturm mich bis heute leitet.

Ach, würd´ ich doch aus ´ner Casting-Show
als strahlender Sieger hervorgeh´n.
Im Dschungel-Camp sorgt´ ich für Furor´.
Ein neuer, mein Mythos, wär´ im Entsteh´n.

Ach, hätt´ ich doch nur den megageilen
Maserati in Knatschkanarien-Farben.
Das Aggregat ließ röhrend mich allen Neidern locker enteilen.
Möchtegern-Schumis blieben zurück mit tiefen seelischen Narben.

Ach, wär´ ich doch nur ein klein bisschen klüger
und skrupelloser. Das stünd´ mir nicht schlecht.
Als Finanzjongleur würd´ schwerreiche Freunde ich plündern,
wär´ Teil des Jetsets. Dem käm´ so einer recht.

Ach, wär´ ich doch wenigstens das Riesen-Trash-Tattoo los,
das mich brandmarkt als waschechten Proll.
Stattdessen vielleicht im Intimbereich bloß
bis zum Anschlag gepierct, mit Floral-Tattoos voll.
Dann wär´ auch ´ne TV-Karriere drin, so mit Standhaftigkeit und Kraft.
Ich würd´s den Zweiflern zweifellos zeigen, vor allem den
scheppernden schillernden Schaft.

Eigentlich nicht zu viel verlangt,
was ich mir seit langem erträum´.
Was mir zusteht macht schließlich nur andere krank.
Jetzt bin ich dran. Ihr Neider, macht Euch auf die Bäum´!

Bin nun mal ein Bestimmer,
der´s wissen will, eigentlich immer.
Loser-Image jedenfalls
ich mir auf keinen Fall aufhals´.

Im Hier & Jetzt will ich Duftmarken positionier´n.
Was soll die Belohnung erst später, im Jenseits?
Wem könnt´ ich damit wohl hier imponier´n?
Brauch´ den Hab-jetzt-sofort-was-davon-Reiz.
Was also soll der Geiz...
Lieber zielstrebig ficken statt ständig nur onanier´n....

1986

Bergvagabunden

Sind selbst mir von ihren Konzerten bekannt,
aus Hörfunk und Fernseh´n, Live dann und wann:
Makellos weiß steh´n perfekt gestärkte Hosen,
dunkelblau das Hemd auf durchtrainiertem Arm.
Wenn auch ohne Mützenband die Kapp´, es sind wohl doch Matrosen.
Wegen dem roten Halstuch die blauen Jungs genannt.

Mit dem Shanty-Chor geht´s nun auf Große Fahrt
an möglichst viel Wasser, soweit Wetzlar das hat.
Hinterlassen tiefen Eindruck marinen Verankerns,
singen von Heimweh, Liebe und Dampfern.

Hartnäckig leugnend die Berge Lahn-Dill
träumen sie sich zurück ins salzig-nasse Element,
das hier - wenn auch bloß nass, dazu ziemlich verklemmt -
soweit sich erstreckt wie des Matrosen Fantasie es will.

Ihre Gesänge lassen auferstehen
Geschichten von der weiten Welt, denen
von waschechten Männern, ringend mit der Urgewalt.
Labskaus Ahoi! Des Seemanns Braut lässt uns niemals kalt!

Gegen Wellen von aufkommendem Frust
setzen sie auf betont gefühlvoll´ Intonation.
Reine Wonne sich verbreitet bei des Stimmbandes Vibration.
Augen zu, man glaubt sich auf See, wenn auch nur unterbewusst.

Landratten, leidgeprüft und völlig unvorbereitet,
sich dem Lahn-Ufer nähernd halten jäh inne im Schreiten.
Kulturell unterfordert durch Howie, Hansi und Mireille [Mi:raile]
reagieren sie doch positiv. Zumindest eine lange Weile
honorieren dankbar sie die wärmend vorgetragene Odyssee
vom kalten Hans und ganz viel Heimweh auf ach-so-hoher See.

Und wieder klingt es inbrünstig-klagend,
am Lahnufer unterhalb der alten Brück´.
Marinekameradschaft Wetzlar,
nach deutlich feuchteren Zeiten sie sich sehnt zurück.

Auch sie bewindjammert, dass demnächst irgendwann
die Schleusen auf ihrem Lahn-gestreckten Ozean,
nur weil die Dampfer ausbleiben!, vorschnell
verschrottet werden soll´n als Auslaufmodell.
Womit stellenweis´ nicht mal gewährleistet mehr
die Handbreit Wasser unterm Schiffskiel wär'.

Lasst diese Männer doch auch weiterhin echte sein,
ganze Männer, kompromisslos in Wellen gestählt.
Nicht nur blau-weiß gestreift irgendwann dann auch am Goldfischteich,
wo´s an Selbstverwirklichung doch nun wirklich reichlich fehlt.

2011

Der Muse Himmelreich

Das Blatt, unschuldig, weiß.
Bis dass du es zerreißt.
Es ließ sich wieder mal nicht füllen
mit Inhalten, Wörtern, passenden Hüllen,
die vormals oft nur so gepurzelt,
jetzt störrisch untergrunds verwurzelt.

Dabei ging's doch nur um ein einziges Gedicht.
Die Renitenz erschließt sich nicht.
Synapsen wie in Fett gelegt, nix steigt auf zu göttlich' Assoziation.
Stattdessen Sand nur im Getriebe, die ganze Plackerei sich wieder
überhaupt nicht lohnt.
Die Contenance völlig entgleitet, du willst es zwingen partout.
Nichtsdestotrotz herrscht in der Rübe nur noch störrisch Ruh'.

Etwa weil der Geist verwaist?
Oder gar bereits vergreist?
Die Stirn schlägt immer tief're Falten. Nur dicker wird der Dunst.

Ertrotzen lässt sich nicht der Inspirationen flüchtige Gunst,
auch wenn die dir tatsächlich schon mal wurd' zuteil.
Die knutschend' Muse zweifelsfrei zumindest heut' dir ist enteilt.

Im Moment wird sie hingebungsvoll wohl wen and'res küssen,
wird ihre Gunst, die Hoffnung bleibt, gut aufzuteilen wissen.
Bis allerdings die Zuneigung auf dich erneut mag werden gelenkt,
bist längst du erstickt in Gedankenmus,
monströsen Sätzen, Wendungen abstrus
elendiglich verrenkt.

Willst leisten du dir keine Muse,
die exklusiv dich würd´ beschmusen,
zunehmend einfühlsamer?
Sinnhafter Verse du entbehrst? Bist zwar Poet, jedoch ein armer.

Ergehst dich so auch weiterhin
in Fingerübungen ohne Sinn.
Gerade so wie diese…
Allein den Nachweis kannst ertrotzen
getummelt dich zu haben auf der Poetenwiese,
selbst wenn die Blütenpracht geeignet eher nicht zum Protzen.

Sparst vielleicht du endlich doch auf ein Musenexemplar,
das beflügelt selbst die verstockteste Phantasie.
Quell steter Inspiration könnt´ sie dir sein, ein Themenpark
für deine Gedichte, die wegweisend wären wie bislang nie.

Deine Muse solltest durchweg du dann ehren,
wenn angebracht auch ganz vorsichtig nähren.
Standesgemäß sollst du sie kleiden, ihre Lebenslust zu mehren.
Führst aus sie zu Partys, Lesungen, zeigst ´rum sie auf Vernissagen.
Weidest ordentlich dich an neidvoller Kollegen finsteren Visagen.

Des Poeten – bislang viel zu häufig blanke - Blätter landen so
nicht mehr unverrichtet bevorzugt auf dem Klo.
Stattdessen sie dann fügen sich
mit erlesensten Worten zu Versen voller Zuversicht.
Als wertiger Dichter du endlich würdest wieder erkannt.
Erfolg, auch manch´ Wurstzipfel, füllten bald deine Schöpferhand.

Bis deine Muse rebelliert, dein System sie gründlich aufwühlt.
Sich ihres Wertes voll bewusst sie nicht mal mehr Schampusgläser spült.
Genüsslich lutscht sie dich zielstrebig aus,
ist irgendwann unbestritten Herrin in eigentlich deinem Haus.

Dein unsterblich geglaubter Ruhm zerfiele, womöglich noch vor deiner
sterblichen Hülle.
Letztlich blieben nur Schall und Rauch. Und obendrein ein wenig Gülle.

Des Dichters knallbuntes Leben ist reizvoll, doch voller Risiko.
Ganz ohne dies macht's allerdings den Dichter auch nicht sonderlich froh.

2014

Der Stecher von Berlin

Überbordend die Haarpracht. Trophäe der Überlegenheit,
eindeutig Indiz meiner Virilität. Dagegen war noch keine gefeit!
Ich brauch´ nicht auf die Frau´n zu lauern.
Die werden kommen. Und nichts bedauern.
Auch für mich ist´s Verpflichtung Kernkompetenzen zu nutzen,
sie alle zu begeistern und genüsslich zu verputzen.

Das bin ich schon Aura und Image schuldig.
Auch wenn´s nicht nur mit Spaß verbunden
höchsten Ansprüchen zu genügen, auf dass mir ständig wird gehuldigt.
Nachdrücklich geb´ ich alles, obwohl bisweilen arg geschunden.

Von Natur aus geadelt mit dem gewissen Hauch von Proll,
bin ich ´ne obercoole Sau und bei den Frau´n stets obenauf.
Brauch´ keine Rolex als Statussymbol.
Mein Leben nimmt auch so seinen höchst befriedigenden Lauf.
Mit der Mähne bin ich nun mal zum Bringer verdammt,
wie von dankbaren Frauen immer wieder und gerne anerkannt.

...Sollt´ sich mein Haupthaar doch noch lichten,
will niemals mehr anschicken sich zu verdichten,
lass ich mir vielleicht doch noch flechten am Hinterkopf
den ein´ oder anderen falschen Zopf.
Schmück´ halt auch ich mich mit fremden Federn,
leg mir die Rolex zu samt Armband schlangenledern...

Sollt´ aber auch mein umwerfender Charme dereinst verdorren,
würd´ ich mich ganz leise stehlen hinfort.
Heerschar´n von Frauen wären verzweifelt, zutiefst verworren.
Denkmäler sie würden mir errichten, ein jedes ein Pilgerort.
"Er war ein Macher, ein Lover, ein Fighter,
auf jeden Fall kein trauriger Tropf.
Er trieb mich an und immer weiter.
Überwältigend sein Haupthaar, später sogar der falsche Zopf."

So ähnlich soll´s schließlich auch mein Grabstein verkünden:
"Hier liegt des Lebens Essenz, in Leder und Feinripp. Voll der Sünden.
Ihm fehlten gegen Ende Haare, nicht aber Lebenssinn.
Ihr Frauen, kommet, huldigt ihm, dem Stecher von Berlin".

2013

Heiteres Beruferaten

Nach dem Abi schien alles easy:
Du greifst dir ´nen wohldotierten Job als Lebensalibi.
Hippe Klamotten, dicke Schlitten soll er dir bescheren.
Du weißt, bei Tussis dieses weckt ungebremstes Begehren.

So wurdest du schließlich Glückskeksautor. Was nicht gering zu schätzen,
einfach nur ungewöhnlich, überhaupt kein Grund zum Ätzen.
Denn du hast´s voll drauf, wirst es auf jeden Fall hecken,
grad im Ungewöhnlichen ungewöhnlich viele Chancen stecken.

Fortan lässt du dir einfallen die sinnentleertesten Sprüche,
verquirlt mit ´nem Hauch Rucksackphilosophie.
Das ging dir stets gut von der Hand, nur selten ging´s ins Knie,
und das eigentlich überall, auf dem Klo wie in der Küche.
Die glorreichsten Eingebungen notierst säuberlich du auf winzige
Zettel, rollst sie sodann auf deinem Gesäß.
Dein Werk damit bereits getan. Ein Teigklecks nur der Rest.

Da du begabt, hochkreativ, die Wohnung quillt zettelig bald über.
Höchste Zeit du schaust dich um nach ´ner Glückskeksbäckerin von
vergleichbarem Kaliber.
Den hohen Ansprüchen entsprechend das Casting sich unendlich dehnt,
doch gelungene Lyrik sich auch nach angemess´ner Verpackung sehnt.

Inbrünstig man hört dich immer öfter gefrustet fluchen,
bis du beginnst alternativ nach Lebenssinnstiftendem zu suchen.
Golfbäll´ ertauchen, Immos zu haien stünden hoch noch in deiner Gunst.
Doch das wär´n letztlich nur Aushilfsjobs, denn nichts füllt dich so
umfassend aus wie die erhabene Glückskekskunst.

2015

Herman hält Hof

Herman steht voll auf Orange [Ora:nge]
und meist nah am Schillerplatz.
Bisweilen ihm wurd' schon mal bange
durch die auf ihn geblasene Hatz.

Herman ist anders als andere Esel.
Er ist was Besond'res, er kommt aus Wesel.
[Dies eigentlich Anlass genug zu wiehern,
doch Herman tut so etwas nicht. Stattdessen schweigt er ehern.]

Herman braucht rein nichts zu machen,
nur möglichst ruhig dazusteh'n
und nichts unter sich fallen zu lassen.
Hierzu hat er – glücklicherweis' - ein ausgeprägtes Talent.

Ist auch sonst ziemlich leicht in der Pflege,
da er allein aus Kunststoff besteht, selbst seine Atemwege.
[Das ist doch wirklich nun zum Brüllen,
doch Herman tut auch sowas nicht. Er schweigt sich stattdessen in Hüllen].

Was er hier wurde ist schnell erzählt:
Ein Dorn im Auge der Obrigkeit (Oh Jammer! Oh Weh!),
sobald er vor seinem Stamm-Café
den ihm gebührenden Standort gewählt.

Versuche ihn von dort zu verscheuchen
ließen nur aufmüpfig' Winde seinem mächtigen Leibe entfleuchen.
Daraufhin höchst autoritätlich verkündete das Amt
- streng darauf achtend, dass der Esel auch alles verstand -
er dürfe auf gar keinen Fall dort steh'n (wo er doch am liebsten stand).

Solch unsittlich´ Ansinnen quittieren
von all den uns bekannten Tieren
selbst die stoischsten der Esel,
ob aus Kabul oder Wesel,
mit der ihnen eigenen Gelassenheit.
Will sagen, es ging Herman so ziemlich glatt am Arsch vorbei.
Nur seine Ohren blieben gespitzt, Zeichen erhöhter Wachsamkeit.

Da nun ja beide männlich, war´n Esel und des Amtes Schimmel
hier einfach nicht zur Deckung zu bringen.
Es lief hinaus auf Konfrontation von Kopf bis – ja - zum Pimmel
in beständig zähem Ringen.

Etliche Geschäftsleut´ waren bereit dem Esel Asyl zu gewähren,
angekettet vorm eigenen Geschäft um seinen Ruhm zu mehren.
Welch´ Solidarität, gepaart mit demonstrativer Empörung.
All dies für ein Grautier aus Plastik mit markanter Pigmentstörung...

Und Herman legte nach, zu überwinden langwährenden Zoff.
Freunde wie Gegner wollt´ er nun erfreu´n
mit einem gar lustig machenden Stoff,
dass alle stets gut droff sei´n, bis hin nach Biskirchen und Leun.
Gewappnet die Bierflasch´ mit seinem Konterfei, wunderschön im Riss,
neugierig-stolz in knall-orange vor sattsam bekannter Altstadtkuliss´.

Und so erwarb sich Herman doch noch sein ständiges Aufenthaltsrecht
in seinem Stadtstall, wohnzimmergleich, Samt-Sofa und samt Uhr.
Dazu an seinem Lieblingsplatz, was ihm war mehr als recht.
[Ein freudiges Iiih-Aaah, sagt mancher, ihm dann doch entfuhr].

Zu gegebenem Anlass hält Herman hier nun Hof,
bei geöffnetem Fenster seiner Residenz.
Weil er's doch so liebt, solang's nicht allzu doof,
dem beruhigenden Gebrassel, Gesülz & Geschlenz
der Bier-Seligen auf der Gass' zu lauschen.
Glücksgefühl-Tsunamis lassen ihm dann die Sinne rauschen.

Nur, auch dies' im Unterschied zu den meisten and'ren Eseln,
er weiß, dass Unauffälligkeit oberstes Gebot, zumal bei Eselwesen,
vor allem wenn du groß und grell im Schaufenster bist ausgestellt,
grad wie an Amsterdamer Grachten kronleuchterlich erhellt.

Herman, bekennender Esel, trotz und bei allem schweigt, genießt.
Den nächsten Coup schon er geplant, da sind wir uns gewiss.
Keine Regung verrät ihn zwar, indes
der Esel hat schon viele verladen mit seinem Pokerface.

2013

Knötterböck´

Gar mancher fängt mit 30 an
zu jammern und zu jaulen.
Weil nix so blieb wie er´s gekannt.
Drum hat er - meint er - Grund zum Maulen.

Wer Jammern so schon früh trainiert,
auf Hochniveau perfektioniert,
überzeugend ´rauslässt den Miesepeter barsch,
seiner Umwelt wird zum veritablen Pinn-im-Arsch,
ist bestens gefeit für den Alltagskampf,
bleibt dabei relax, nicht etwa ständig unter Dampf.

Wieviel Verrat, Intrigen, wir hingegen würden wittern,
würden wir erst spät verbittern.
Wenn wir hören sehr viel wen´ger,
wenn unser Blickfeld wird stets enger.
Es tut so mancher Knochen weh,
die Diabetes nahm den Zeh´.
Das Leben macht kaum noch Vergnügen…
Reichlich spät, begännen wir erst jetzt alles um uns ´rum zu rügen.

Beneidenswert, schon elegant, wie all die andern Alten
- früh schon machten die ihr Ding! - ihr Gegenüber zusammenfalten,
während Ihr unschlüssig-stammelnd noch nach Worten ringt…
Durchschlagender Erfolg Euch allenfalls mit dem Krückstock noch gelingt.

Drum früh ans Werk, verzaget nicht!
Beschimpfet zeitig was Euch sticht.
Macht Eure Kinder scharf beizeiten,
über zwischenmenschlich´ Hürden elegant hinweg zu gleiten.

Denn nur wer mault, aufsässig ist,
den Andern beständig geht auf den Senkel,
holt das Optimum für sich 'raus, als ausgereifter Egoist.
Nie wieder eingeschüchtert oder je gemobbt! Strahlend' Vorbild auch für
Enkel.

Wir haben heut' einfach die Zeit nicht mehr
uns zu versuchen, uns auszuprobier'n,
zu fragen, zu zweifeln, zu reflektier'n,
ob unser Tun politisch korrekt, sozialverträglich, sogar fair.

Was unsere Zeit verlangt ist ausgeprägte Geradlinigkeit
um nicht völlig unter die Räder zu kommen.
Aus reinem Selbsterhalt wir nun auf Rücksicht pfeifen. Feinfühligkeit,
Empathie sind nur noch ausreichend gut für die ganz besonders Dommen.

2013

Nachgerufen

Die musikalischen Hohepriester machen sich allmählich vom Acker.
Im Grunde nicht verwunderlich.
Durch lange 50 Jahre haben die sich zumeist gesoffen und gekifft.
Deren Lebenskerzen nicht etwa erzeugten nur laues Geflacker.
Die brannten lichterloh, zeitgleich an beiden Enden.
Für sie gab es nicht viel mehr zu verschwenden.

Wenn´s nur nicht ausgerechnet wären
die musikalischen Genies, die uns entscheidend geprägt,
die nichts unterließen Ewigkeitswerte zu gebären.
Mit denen wir gelitten, gefeiert und ihr Vermächtnis gehegt.
Von denen wir uns doch wenigstens noch durften erhoffen,
dass sie uns auch weiterhin begleiten, selbst wenn musikalisch inzwischen
eh´r ergebnisoffen.

Schmählich, wie abrupt sie derzeit uns verlassen,
mental total uns den Stöpsel zieh´n.
Uns bleibt nur ihre Kunst nicht rasch verblassen zu lassen,
sie kultisch zu verklären, ein Stück mit ihr dem Alltag entflieh´n.

Verzweifelt wir greifen zu den von ihnen heißgeliebten Spirituosen,
vom Donner gerührt, am Boden zerstört. Können es nicht fassen.
Ihre Gegenwart war uns vertraut wie sonst nur uns´re Arthrosen.
Jetzt gibt es uns´re Helden nur noch steril in Dosen,
als Abziehbild auf T-Shirts, Postern, DVDs und Tassen.
Ein weiterer Stern verglüht, das Vergessen zu liebkosen.

2016

Rockers Selbsterkenntnis

Ich wär' gern Dichter, so ein Spinner.
Ich könnte schreiben, dichten immer
wo mich die Muse heiß erwischt.

Doch ich bin Rocker, leicht ersichtlich.
Dem Schicksal kann ich nicht entrinnen.
Nach außen reichlich ungezähmt, ein Dichter ganz tief drinnen.
Was häufig führt zu heftigem Frust, der megawiderlich!

Mir mangelt's nicht an kuttiger Überzeugung,
dem Willen zur Gesetzesbeugung.
Mein Moped hat Fuchsschwanz, is gänzlich auf Retro.
Fahr' nur meinen Chopper, nehm' niemals die Metro.

Wenn auch zuweilen auf Krawall gebürstet,
mich fortwährend doch nach Poesie es dürstet.
Kack anstrengend so'n hybrides Leben,
gratwandernd den reimenden Rocker zu geben.

Ich werd' wohl immer Reim-Rocker sein,
selbst wenn die Erfolge bei Frauen eh'r klein.
Aussichtsreicher wär's sicher rasend schnell die Gitarre zu jaulen.
Stattdessen werde ich über meinen Reimen allmählich wohl verfaulen.

2003

Untote

Am Morgen zwischen 2 und 4
bevölkern sie auch meinen Schirm.
Treiben mit mir Schabernack,
dass es kriselt, kracht und knackt,
dass Knochen und auch Hirne
splittern, matschen, spritzen wie überreife Birnen.

Zombies sind nur schwer zu dritteln
mit den herkömmlichen Mitteln.
Kugeln, Messer, Dynamit
nehmen hin sie als wär's nix.

Der Horror fußt zumeist auf Flüchen
derer, die nicht ruh'n zu siechen.
Erst wenn die Ursach' ist beseitigt,
der Zombie willig sein Dasein zeitigt.

Nachgeholfen mit dem Pflock
grundsätzlich kann nicht schaden.
Eingetrieben bis nicht mehr er bockt
und bereitwillig ihn fressen die Maden.

Harmonie ist wieder Trumpf
wenn des Zombies Flüche stumpf.

Wie man sich hingegen der Zombienen soll erwehr'n,
ist detailliert nicht überliefert,
erfordert Lösungen, die fallspezifisch zugeschnitten wär'n,
sonst der Zombienen Verführungskunst wir hilflos ausgeliefert.

Im entscheidenden Moment
zögert aber kurz selbst der erfahrenste Zombienenjäger,
falls sie denn doch war einst seine Liebste,
die heut´ ein bekennender Blutkonsument.
Doch selbst wenn schon lang sie war abstinent,
der Profi - wenn auch schweren Herzens und nicht detailliert -
letztendlich Abschied nimmt vom reißzahnbewehrten Feger.

2016

Walther

Wenn Walther von der Vogelweide
nur ahnen würd´ wie sehr ich leide,
böt´ er durch seine Dichtung
mir sehr viel mehr an Richtung!

Dass er mir doch die Minne
bedeutend näherbringe,
knallvoll mit Praxis-Kniffen,
die zu benennen weitestgehend er sich leider hat verkniffen.

Details, die hochpikant, er hat so gut wie nie verdichtet.
Erosmäßig lange Zeit nur Oberflächlich´s er geschichtet.
Nur ausnahmsweise der Weitgereiste ließ aufblitzen,
dass er durchaus sich auch verstand auf´s weibliche Erhitzen.

Amouröse Abenteuer, mit Finessen reich gespickt,
auch manchen seiner Tagträum´ sehr wahrscheinlich hatten erquickt,
von strenger höfischer Etikette aber in der Praxis brutalstmöglich erstickt.

Zwangsläufig Walther erging sich allein in Verehrung und Lobhudelei
hoher und höchster Frauen, die nun mal nicht für ihn war´n frei.
Überhöhte ihre Schönheit und Tugend, ritterlich zwar so auch sich.
Nur eben dran, trotz allem Klang, kam er in den meisten der Fälle nicht.
Notgedrungen, zur Zeit der Ritter, als die noch ganz besonders edel,
ging´s Minnesängern distanziert nur um abgestand´nes Anmachgewedel.

Solch´ Frust sitzt tief bei jedem Herzschmerzdichter,
der danach trachtet, dass es ums Herz ihm werde lichter…

Herzerwärmend und sehr viel direkter wurd´s
erst später für Walther bei mancher Liaison, die leider immer assez kurz,
mit Dienstmädchen und Mägden,
wenn Liebesfreud´ und -pein Akteure heftigst bewegten.

Wie er sich denn zuwandte
den Damen eher unteren Standes,
erschloss er sich doch noch die Minne
auch im körperlichen Sinne.

Das ist 800 Jahre her,
normal von Null Interesse mehr,
es sei denn rein historisch.
Doch ein Dichter lässt nie nach im Bestreben
sämtlich´ Erkenntnisse zu erheben,
die dienen könnten der Perfektion, herzschmerzweise und motorisch.

1981

Wanderers Lust

Dem ollen Goethe war´s schon lang
ein rechter körperlicher Zwang
zu dichten hier, zu malen dort,
vor allem auch zu wandern
von einem Hang zum andern.

Wo immer sich Gelegenheit fand
der Dichterfürst im Gras verschwand,
tagträumend dem Lahn-Panorama ergeben
(ausgiebig´ Lotterlust mit Lotte tat erstreben).
So suhlte er sich denn in schwül-süßlichen Gedanken,
die endlos seinen markigen Schädel umrankten.

Der Werther war noch nicht gefertigt
im Sommer 17-7-2,
als er in Wetzlar weilte,
ganz frei noch von Star-Allürerei´n.

Was später er zu Lebzeit´ tat, trat und berühret
wurd´ eifrigst registriert, gesammelt und verführet
manch´ Spekulant´ Goetheskes zu ersteh´n.
Schlicht alles was mit IHM zu tun war als Reliquie anzuseh´n.

Respektlos allerdings, wer da behaupt´
ein jeder Wind, den ER gekonnt ins Grase bafft´
sich wandelt´ zielstrebig-durchlaucht
in fürstlich´ Hinterlassenschaft,
die zu erhaschen sich gelohnt,
da Mehrwert ihr doch innewohnt.

Bei jedem Wind, der Wetzlar heute streichelt,
nur selten noch des Dichterfürsten wird gedacht.
Wenn auch die heimisch´ Industrie sich arg viel Mühe macht
grad die Erinnerung zu beleben als eines SEINER Zeichen
durch klug gesteuerten Mix der edelsten Gerüche,
die bisweilen entfleuchen ihrer Mega-Edelstahlküche.

2012

Winterliches Bekenntnis

Dunkelheit macht sich breit.
Wenig Wonne ohne Sonne.

So vergehen meine Tage.
Fröstelnd an der Bettdeck' nage,
aus dem Hause kaum mich wage
ohne Besserung der Lage.

Bis irgendwann
- nur dünne Hoffnung momentan,
dann aber hoffentlich nicht mehr weiß -
endlich vorbei Kälte samt Eis.
Ich taute auf, es bräch' der Bann,
ich fing erneut zu leben an.

Doch das ist lang' noch nicht der Fall.
Lang die Gesichter auf gräulich' Gestalten, allüberall.
Scheiß' doch auf den Schnee auf den Tannenspitzen,
bin auch weiterhin verdammt hinter warmen Öfen zu sitzen.

Auch weil jene Tannenspitzen
scharfkantig wie Spritzen sitzen,
mir noch mehr Kälte injizier'n
sollt' ich mich im Wald verlier'n.

Dort hab' ich rein nichts verloren
außer abgestorb'nen Ohren,
die nur mühsam wachsen nach.
Weit bekömmlicher hingegen: warme Räume, dichtes Dach.

Ist einfach nicht meine Welt da draußen,
wo weiße wilde Winde brausen.
Im Verbund mit Tinnitus
potenziert sich der Verdruss.

Derart hart umbraust, umtost,
inner- wie auch äußerlich,
macht's mich kirre, drum erbost
stapfe ich, stampfe ich,
denk' früh an Glühwein, marter' mich.

In mir erst wieder Ordnung in der Kneipenenge.
Alles an gewohntem Platz, völlig schneefrei das Gemenge:
Platzhirsche am Tresen, Rehlein nippen am Getränk,
Konversation gepflegt-gedämpft, gänzlich frei von Gezänk.

In meinem Kosmos-Dunst
gibt's keinen Platz für all die Winterwunder.
Weiße Tannen, tiefer Schnee, selbst in Ausführung Kunst-,
taugen bestenfalls als Anlass zum frühen Spätburgunder.

Für Frühling bis Herbst, im Winter zutiefst schmerzlich vermisst,
gibt's Null Ersatz, besonders nicht durch Schnee, tieftemperiert.
Bin schon gelegentlich ultraleicht angepisst
betracht' ich das Schneekugel-Panorama, das meine Schreibstub' ziert.

2008

Unerhörtes & Ungereimtes

Alles ist endlich

Dass uns auf Erden ein Ende beschieden
wird nur die wenigsten verwundern.
Auch wenn wir, wenn´s passiert hienieden,
bestürzt und platt sind wie die Flundern.

Dass der Erde ein Ende droht, ist auch natürlich, obendrein
- kosmisch betrachtet - keine Seltenheit.
Sogar gut bestimmbar wann denn Schicht ist, ganz allgemein.
Mystisch stimmend das Bewusstsein endgültigster Endlichkeit.

Den meisten bleibt da nur die tiefste Depression,
Tiefgläubige hingegen ausgiebig toben,
wenn nicht schon vorher wir katapultier´n, fern von Absolution,
uns ganz weit in den Äther, irgendwo hin da oben...
Ansonsten wird die Sonne das Erdenende ganz natürlich diktier´n.
Das wären noch Milliarden Jahre, wenn auch weniger als vier.

Was ließe sich trotz dem in der Zeit alles noch entwerfen
oder endlich zu Ende bringen?
Wir könnten den Nahen Osten entschärfen,
uns mit Chinesen, Russen, sogar Türken und Aliens verbinden,
verhindern, dass (s.o.!) irgend so ein Idiot
den Globus vorschnell hochgeh´n lässt in kleingeistiger Not.

Morden und Hungern wär´n zu verhindern,
Autobahnhöchstgeschwindigkeiten drastisch zu vermindern.
Frieden für alle, verantwortlicher Umgang mit den Ressourcen,
bewusstere Lebensführung, Zugang für alle zu Bildung,
respektvoller Umgang auch mit Harlekinen und Hanswursten,
Betonung der Ähnlichkeit, Toleranz, ´gar Gleichberechtigung.

Umsetzung dessen, was Humanisten jahrhundertelang postuliert,
zumeist sich aber in grenzenloser Selbstsucht verliert....

Ein paar Milliarden Jahre, da geht doch sicher noch was....
Allein die Rocker sei´n beunruhigt, Helene Fischer
wird uns noch immer atemlos anführ´n, wenn auch sehr fraglich
allmählich der Spaß.
Dessen können wir uns aber schon sein ausgesprochen sicher.

2014

Alte Männer auf Motorrädern 1

Es wird der Mann, bevor er Greis,
zum Kind, mit Spielzeug, obwohl er weiß,
es spürt, dass ihm die Kräfte schwinden.

Zum verzweifelten Beweis
des krassen Gegenteils
betontes Risiko er nun will krass empfinden,
wenn's sein muss, bis ihm auch die letzten Sinne schwinden.

Die Kinder aus dem Gröbsten raus,
beinah´ bezahlt das Reihenhaus,
beziehungstechnisch läuft nix mehr,
da muss ein fetter Hobel her.

Ein letztes Aufbäumen, Kompensation
all dessen was verloren scheint, vielleicht nie wirklich stand.
Er will sich noch mal spür´n, das Schicksal allein in seiner Hand.
Nur für ihn das Schauspiel ist. Nicht für die restliche Nation,
auch wenn die oft tiefes Mitleid äußert, wahrhaft penetrant.

Das ist natürlich nicht gerecht,
politisch zumal inkorrekt.
Lasst ihm doch seine Art von Freiheit, echt
unangestrengt sich neu entdeckt.
Er ist doch so viel ausgeglichener, kompatibler mit der Welt.
Zumindest für die kurze Zeit, in der der Fahrspaß anhält.

1999

Alte Männer auf Motorrädern 2

Brüder, aufs Moped, zur Freiheit.
Auf zu den Gipfeln empor....

Lasst Euch auf keinen Fall verdrießen,
mögen Zweifel bisweilen auch sprießen.
Ihr seid tolle Hechte, wahrhaft und massig.
Wenn auch von Neidern, ausgemachten Schlaffis,
immer nur zu vernehmen sein wird:
Alte Männer auf Mopeds, haben sonst nix zu kompensier'n.

Ihr seid der wahre Dorn im Arsch
der and'ren Straßennutzer.
Bedrohlich schwarze Reiter sich überlegen setzen in Marsch.
Brave Familienväter, Kapaune, überläg'rige Stutzer,
hier lassen sie noch mal die Sau heraus,
trotzen jeder Konvention, lieben egal-was in Saus und in Braus.
Verbreiten die unbedingte Aura von Unbändigkeit.
Lederfransenkult, Schweißgeruch. Ungefilterte Männlichkeit.

Schwitzen den Arsch sich ab auf dem Hobel,
dabei strotzend vor Lockerheit.
Klappern mit den verbliebenen Zähnen und Hüftgelenken nobel,
wenn die Temperaturen stürzen Richtung Bitterkeit
auf lebensbedrohliche 20 Grad, was sie leiden lässt ohne Ende.
Lenker- und Helmheizung nur mangelhaft wärmen die empfindsame
Lende.

Zwischen Schenkeln ausnehmend kräftig
der bockende Bock wird letztlich doch gebändigt.
Ein Egoshooter mit Maxi-PS,
sportlichem Durchzug, dabei pflegeleicht (wie schon der Dress).

Ist nur ein weiteres Spielzeug
zu besänftigen den jugendlichen Zorn.
Nur einmal am Gashebel gedreht (Handgelenk beug'!),
das schafft dich ein gut' Stück wieder nach vorn.

Oberhalb der Baumgrenze wird dann
der Autopilot aktiviert, selbstzufrieden, sendungsbewusst.
Und vor lauter Fahrvergnügen (gebrochen endgültig der Bann)
wird ausgiebig betrommelt die stolzgeschwellte Brust.

1999

Apokalypse, schon längst

Bei Katastrophen apokalyptischer Dimension
wie Zombieplage, Klimacrash, schon
beim Verlust von Facebook-Freunden feist,
federn locker ab das Ärgste praktische Survival-Guides.
Nur bei modischen Entgleisungen der besond´ren Art,
schaufeln wir ganz offenbar zielstrebig unser Grab...

Nun beuteln sie trotzdem völlig ungeniert,
befreit von allem Schmerz und der letzten bisschen Scham
beim Abhängen, beim Chillen, nicht ausschließlich daham.
Auch beim Flanier´n wird längst nicht mehr gestiert und blöde kommentiert,
da endlich geadelt unser aller Lieblingstracht
- international! - mit dem Jogginghosentag.

Der dazu berufen, dem entspannten Beinkleid
endlich die Bedeutung zu verschaffen,
die es als Ausbund an Coolness in satter Überlegenheit
längst hätt´ verdient gehabt, beständig im Raffen, Straffen und Erschlaffen.

Die Jogginghose, formbefreit,
vorzugsweis´ im Schritt swingend weit,
verdaut selbst Formate ausgeprägter Unförmigkeit,
verleiht ihrem Träger trotzdem ´nen Hauch Geschmeidigkeit.

Dies´ ist kein Trend,
dies´ ist die Wend´
im kräftezehrenden Auf und Ab
des Modebetriebs, der uns verdarb.

Tief drinnen wir eigentlich immer schon wussten,
universell ist sie der alleinige Fummel,
der jeder Situation locker wird gerecht. Dies bei Gesundheit wie bei Husten,
für Couchpotatoe, Schnellficker, den Freak auch auf dem Rummel,
Extremsportler XXL, Hütchenspieler, Nepper, Schlepper,
Garten- und auch Campingfreund. Und den wahren Rapper.

Wenn auf uns die Kleidungswahl bislang lastete schwer,
muss jetzt, auch für Modemuffel, zwingend die Jogginghose her.
Ihr Coming Out steht für Demokratie und Transparenz,
egal wie gebeutelt sie mögen sein, die Lieblingsjoggingpants.

Die uns so geschenkte unbändige Freiheit
wollen ausgiebig wir fortan genießen,
bevor wir folgen dem nächsten Diktat ultramodischer Eitelkeit,
das in grellfarbige, hautenge Hosen uns gerne würde schießen.

2015

Franzis

Ungelenke Graffitis entlang Barackenwand
zeugen von unkonventionellem Geist,
der dies´ erschafft´ mit lockerer Hand
und dies erhält, ...zumeist.
Am Ort von Freigeist, Toleranz,
freier Liebe und Ausdruckstanz.

Treffpunkt für Nomaden, Normalos, Spontis und Spinner.
Für Musikliebhaber dies war schon immer
der Ort, an dem sie hochlebt, die Kunst,
auf die die Gemeinde voll abfährt im Dunst,
der zuckenden Leibern ekstatisch entstieg,
wenn zappelnd die sich im Takte gewiegt.

Zeitgeist-entrückte Institution,
auch von den ganz Großen beehrt, eigentlich fast immer schon.
Früher oder - eher - später schlagen sie alle im Franzis auf.
Uns bleibt viel Zeit zu freuen uns schon jetzt darauf.

Bis dahin fassen sogar Rebellen sich in Geduld,
vollzentriert und durchaus ausgeglichen.
So kommen sie zusammen an der Stätte ihres Kults,
mit lichtem Haarkranz oder mickrig´ Zöpfchen längst verblichen.
Betont individuell oder zum Rudel verdichtet,
durchgängig dem Revoluzzertum verpflichtet.

Am Pilgerort für Anspruchsvolle,
dem Treffpunkt auch für Sehnsuchtstolle.
Deinesgleichen Du hier findest,
auch wenn Du eher fest gegründet
in Hippietraditionen
und Freigemeinschaftswohnen.

Die wildesten Jahre, auch sie längst ergrauten.
Doch Vorlieben überlebten
bezüglich Leuten und auch Lauten.
Abgespaced so manche hier der schnöden Welt entschwebten.

Bühne echter Musik-Meister,
Zuflucht unverstandener,
ausgebuffter Weltenwanderer,
solcher, die sich kunstbegeistern,
und solcher, die schlicht sich treiben lassen wollen.
Für Alle geht's hier in die Vollen.

Auf dass das Franzis uns verbleibe,
uns lang noch biete eine Bleibe,
beschleunigter Wetzlar-Frühvergreisung
Entscheidendes entgegensetzt. Welch´ paradiesische Verheißung!

2012

Fröhliche Weihnachtszeit

Zimtstern und Marzipan im August,
da kommt er hoch schon, der Verdruss,
der unmissverständlich gibt zu versteh'n,
dass Weihnachten naht, unerbittlich-souverän.

Der wiederkehrende Spaßmarathon wirft seine Schatten voraus,
bei steigendem Stressniveau. Manch einer hält das nur ganz schlecht aus.
Als würd' allgemein die Jahresend-Rallye allein
nicht schon genügend aufreibend sein.

Spätestens wenn, bonbonbunt beleuchtet, hässliche Bretterbuden
die Innenstädte heillos verstopfen,
mit klebrigem Glühwein die Welt bereit sich zu besudeln,
Ho-Ho-Hos fröhlich-bemüht falsche Bärte und Bäuch' sich aufpfropfen,
es allüberall nach halbgaren Bratwürsten stinkt,
verhängst du ein No-Go über die Plätz', wo Leutseligkeit zäh' durch
alle Fugen dringt.

Drehorgel nebst Posaunenchor den Aufenthalt zusätzlich verleiden.
Ernsthaft zu kontern verlangte ansprechend dich zu kleiden,
unter roter Mütze weißumflort aus vollem Halse mitzusingen,
zum Sympathieträger Rot-Weiß bedröhnt dich aufzuschwingen.
Trotz einer so erwirkten zeitweisen Gelassenheit
macht sich knallhart nun die Gewissheit breit,
dass zum Finalsprung sie angesetzt, die güldene Weihnachtszeit.

Jetzt brauchst du 'ne zündend' Idee fürs passende Geschenk,
gibst gerne zu du seist hierbei ein wenig ungelenk.
Spontan fällt dir tatsächlich nix ein, auch weil sie hat alles schon.
Bis auf Karten für das Abba-Revival-Konzert in Bahrein. Und den
Swarovski-besetzten Thron.

Dein Gewissen nimmt Fahrt auf, das stellt keiner so einfach ab.
Dies' ewige Gekasper bringt dich vorzeitig noch ins Grab.
Als wär' das allein nicht genug, droht noch mehr Ungemach.
Bescherung die eine unerquicklich' Sach'.
Schlimmer teils noch der Weihnachtsbesuch
der Verwandtschaft, am zweiten Festtag spätestens verflucht.
Letztlich nur Enge, Drangsal, Stickigkeit.
Ganz wenig Luft, die dir verbleibt…

Fürwahr ein schönes Fest, wenn es erst mal vorbei.
Ich könnte echt schon wieder....
Summ' immer noch die blöden Weihnachtslieder,
gefühlsduselig verhaftet im süßen, zähen Brei.

Wenigstens einmal möcht' ich's sehr viel entspannter angeh'n,
vielleicht sogar Angenehmes im Fest der Feste seh'n.
Zwar sind wir grad' hier kommerziell voll fremdgesteuert,
doch äußer' ich das besser nicht, sonst erklär'n die mich vorzeitig für
komplett bescheuert.

Das wär' nicht in meinem Sinne, Sankt Nik'laus davor mich bewahr'.
Sonst heißt es, wie schon im letzten Jahr:
„Wie halten wir es weihnachtlich'
mit der gelebten Fürsorge-Pflicht?
An welcher Autobahn-Raststätt', egal-wie konfus und zerzaust,
setzen wir diesmal den ewigen Nörgler aus?".

2013

Grüne Soße aus der Dose

Grüne Soße aus der Dose
schmeckt wie feuchte Lederhose.

Nur wenn taufrisch zubereitet geschmacklich eine Sensation,
die's Hessenland begeistert, seit Jahrhunderten schon.
Regionale Zutaten frisch, saugutschmeckend und verträglich.
Konserviert, geschmacksverstärkt kommt sie hingegen reichlich kläglich.

Sieben Kräuter müssen's sein,
geschnetzelt möglichst fein,
von Pimpinelle bis Borretsch.
Joghurt, Quark stell'n die tragend' Masse.
Eier hart und Gurken würzig ergeben ein vorzüglich' Match.

Schon optisch 'ne besond're Klasse,
wenn Weiß vereint sich mit fettestem Grün.
Satte Vorfreuden schon jetzt erblüh'n.
Etwas Senf und Meerrettich
würzig-leicht den Gaumen sticht.

Dazu Kartoffeln als Salz- oder Pell-, die allerdings knallheiß,
charmanter Gegensatz zum unterkühlten Sex der Soß' grün-weiß.

Jeder Hesse braucht seine Grie Sooß,
bereits dem ollen Goethe sein Leibgericht.
Was allein schon eigentlich für sie spricht.
Doch egal ob frankfurterisch oder sonstwie kurios,
frisch ist sie des Hessen absoluter Favorit,
ein schlichtweg unerlässliches Wohlfühl-Bindeglied.

Hauptsach´, es kleckert und schmeckert die Sooß wie gewohnt,
und dazu hat es stets genug des gnadenlos frischen Äppelwois,
bestens gereift, umdrehungsbetont.
Versessen auf die Kombination brauchen wir Hessen grundsätzlich
nichts Neu´s.

2015

Mein Freund, der Tinnitus

Zu blöd selbst Gitarren melodisch zu zieren,
das Hörnergejaule 'ne Katastroph'.
Die einzige Musik, die überzeugend ich produziere,
in meinen Ohren sie tönet schroff.

Jedoch genauer hingehört, grundsätzlich arteriell,
wird da Erstaunliches gedrechselt:
in Richtung Stockhausen es geht, elektronisch-seriell,
minimalistisch, zufallsgeneratorgehäckselt.
Und ich bin Klangkörper der phänomenalsten Kompositionen,
exklusiv meine Musikrechte an querschlagend' Elektronen.

So tönt's mal wie in höchsten Sphären,
mal schmatzt es ablaufenden Wellen gleich,
bevor pulsierend ein Stakkato sich durchsetzt, während
Obertongesang alles überlagert, berückend einfühlsam-weich.

Das Pandämonium verebbt, um wieder anzurollen eindringlich wie nie
in vollendeter Kakophonie.
Was leider mein Tinnitus immer wieder verratzt
ist ein schmerzensschöner, satter Bläsersatz...

Ansonsten kann ich eigentlich
privilegiert mich fühlen und versuch' deswegen
zu akzeptieren das Konzert, auch wenn's nervt gelegentlich.
Um nicht zu verzweifeln, den schönen Künsten hingegeben...

Doch, es hat so was Transzendentales, Spaciges ohn' End'.
In einigen wenigen Fällen ein durchaus versöhnliches Moment.

2014

114

Pizza Napoli

Doch, unbedingt, Sardelle muss!
Herrlich modrig salzig-fischig, schmeckt die schon nah´ an Nuss.

Im Verbund mit Chillies und Kapern
gibt's nix zu lamentieren, unqualifiziert zu labern.
Solange steinofenknusprig, mithin unverkleistert,
bahnt sich hier was an, das vollends begeistert.

Die Papillen endlos sich weiten,
Pupillen vor Hingabe schier entgleiten.
Dies sind geschmacklich´ Sensationen,
die jeden Tag aufs Neue lohnen.

So lass ich´s mir napolimäßig gefallen.
Kreuzehrlich, kein bisschen überspannt.
Ein Investment in beste Laune, das einlädt zu lustvollem Lallen.
Ein Grundrecht für Alle, die Scheibe mit dem wulstigen Rand,
die alle Welt auf ihre Weise bei jeder Gelegenheit gierig verschlingt,
einem Urbedürfnis folgend, selbst wenn man mit WeightWatchers-
Punkten ringt.

Im Schreiten genossen von ganz eiligen Zeitgenossen,
tropft sie, ewige Flecken hinterlassend, zügig dann auf Hosen und Blosen.
Kaschmirträger sie zwingt zu Ausfallschritten und Torsionen,
die denen sonst eh´r weniger innewohnen.
Ihr Trainingsgerät, sympathisches Bekenntnis, zeugend von Erdung.
Nicht schon wieder Haute Cuisine, mal keine Muskel-Zusatznahrung.
Allein mit der fett belegten Pizza. Und du nimmst gern sie an,
die Aufford´rung zum ganz eigenen, sinnlichen Ausdruckstanz.

Voll mit Händen sie zu greifen, heißhungrig zu verschlingen,
selbst wenn's unangebracht erscheint im steten Benimmregel-Ringen.
Dessen ungeachtet darfst du es doch, archaisch und ungestraft.
Die Provokation gilt's zu besteh'n,
egal ob mit Kapern, ob sardellig, ob scharf,
zur Not bis dir die Sinne vergeh'n.

Im Vollgenuss der Napoli-Scheibe ein jeder gern ausgiebig sich sonnt.
Kulinarisch sie bestimmt zunehmend unseren Horizont.
Die himmlische Scheibe jedenfalls, die aus Nebra,
schmeckt ziemlich fad' ihr gegenüber.

2014

Rollator-Babies

Sie reisen begeistert, mit Rollator,
weil sie noch ganz viel vorham.
Ouagadougou, Birmingham,
dazu Ulan Bator.

Solar-, atom-, nach Belieben betrieben
fegen sie über den Globus hinweg.
Unaufhaltsam, tsunamigleich, weltmännisch durchtrieben.
Weh´ dem, der sich ihnen stellt in den Weg.

Die Alten wollen´s noch einmal wissen.
Nach spätem Studium
für sich die Welt noch mal vermessen.
Unruhe treibt sie beständig um.

Da bald der Kilimanjaro
seinen Eispanzer wird verlieren,
Aufstiegswege für den Power-Rollator
die Felswänd´ absehbar werden zieren.

Den Ärmelkanal zu durchmessen sind prinzipiell sie bereit.
Amphibisches Rollator-Modell kurz vor der Massentauglichkeit.
Scootermäßig geht´s dann auch gleich
über den ganz großen Teich.

Ihr aufmüpfiges Gehabe kommt bei Jüngeren gar nicht gut an.
Die woll´n Familie, Geborgenheit, ein Heim.
Die Alten steh´n auf Herausforderung, auf all das was spontan,
Grenzerfahrung, Wahnsinnsfreiheit, sogar Sex und Crime.

Inkontinenz macht sie längst nicht mehr verlegen,
physischem Verfall sie wirken beim Workout entgegen,
die blaue Pille lässt sie noch mal Standhaftigkeit erleben.
In Rio, Pattaya, Marrakesch die Erde sie lassen bereits erbeben.

Sind gut vernetzt und bringen in Stellung ihre Interessenvertreter
in Wirtschaft und Politik,
pfeifen auf political correctness und die verdammte Ökologie.
Lang genug haben sie sich eingeschränkt ohne je zu zetern.
Sagen endlich auch Nein zu großelterlicher Pflicht,
bekennen sich zum Egoismus als einzigem Vergissmeinnicht.

Die Erde sie machen sich untertan.
Die wird bald allein den Alten gehör'n,
die ständig älter werden und mehr. Zweifel daran längst abgetan.
Eine Sintflut die Rollator-Babies schwören herauf. Die kann sie aber
nicht mehr verstör'n...

1996

Ruf in der Dunkelheit

Unschuldige, blutjunge Blondinen,
die uns zum Vorbild sollen dienen,
ausgestattet mit Geschmeide, das ornamentiert auf Zügeln und Bügeln,
hochgradig ziseliert. Das ganze bewehrt mit silbrigen Flügeln.

Sollt' die Blondine mal an sich zweifeln,
spürt, schmucktragend, umgehend sie eine Präsenz,
vernimmt einen Flüsterton. Das Flattern zarter Flügel kann sie beinahe greifen
(nicht zu verwechseln mit geistiger Flatulenz…!).

„Denn es sind nur die Engel, die uns umgeben,
deine tiefsten Geheimnisse und Wünsche sie suchen zu erheben",
klärt auf ein irdischer Prospekt, der sogleich ausufert:
„Auch wenn du den Glauben an sie verloren hast,
kannst du dich verlassen auf deinen 'Engelsrufer',
damit du sie zur rechten Zeit wiederfinden magst".

Des Engels Gästezimmer in Herz- oder Flügelform,
ein wohnlicher Käfig in arabesker Silberschmiede-Norm.
Kindlicher Aberglaube lang noch nicht ausgemerzt.
Der ist nach wie vor daseinsberechtigt, da viel zu wenig geherzt
sind aktuell die sinnentleerten Zeiten.

Früher war's - wie immer! - einfacher das Herz sich zu weiten
im Glauben an Lassie, Fury, Flipper im ärgsten Seelengedrängel,
natürlich auch an den lieben Gott mit seinen lieblichen blonden Engeln.

2016

Schnupfensaison

Der Schnupfen ist ein arger
(obgleich, er macht schön mager...).
Bis hier der Frühling sich entschlossen
vollends ins Kraut sich ´reingeschossen,
bist du gepolt voll auf Aktion.
Vom ewigen Schnäuzen hast du längst die Nase gestrichen voll.

Doch nutz´ die Zeit,
die winterlich dir noch verbleibt.
Solang´ der Tropfen stetig fällt,
der Geist doch wunderleicht verquellt...

Lass laufen Rotz und Phantasie,
so wundersam ist dir sonst nie.
Lass dich auf Hirngewitter ein,
lass Funken stieben bis zum Schrei´n.

Schöpf´ jetzt nur aus dem Vollen.
Je größer das Delirium,
je stärker die Gedanken krumm,
die dich scheint´s martern wollen.

Doch du, du nimmst sie dankbar an,
Gedankensplitter auch wüster Art, die den Synapsenwald durchspurten.
Setzt grad noch einen drauf, auf dass gerade dann
aus schleimig´ Chaos quellen strahlend´ Kopfgeburten.
Befeuert, gnadenlos inspiriert zu wegweisend´ Lösungsansätzen,
die dir sonst würden nie zuteil. Nur jetzt gebierst du´s Allerbeste.

Lass Pro- und Anti-Biotikum sein,
lass einfach fließen rotzige Gedanken.
Jetzt schlägst du geniale Flanken...
Das geht meist besser noch als beim Wein.

Sinnierst über des Lebens Sinn,
sogar der Relativität du magst dich schleimend geben hin.
Luftschlösser jeder Größenordnung darfst du nun straffrei bau'n,
die Dinge tun, zumindest denken, die du dich sonst nicht würdest trau'n.

Und du wirst spür'n der Phantasien Macht,
die hilft zu lösen dich von allem abgeschmackt' Profanen.
Es braucht nur Schnupfen, ein wenig Acht
und Zeit, die sonst du würdest auch nur sinnlos-blass verplanen.

2013

Treff6.de

„Ihr wollt doch alle nur das Eine.
Partner findest du gleich in deiner Näh´.
Ohne Abo, kostenlos, leg´ trotzdem ich dich an die Leine.
Kliick! miich! aan! Du wirst dem Lockruf nicht widersteh´n.“

Dem kann man sich tatsächlich nicht entziehen auf Dauer.
Beständig appellieren sie an deine Mannespower.
Tiefverborg´ne Wünsche dich daraufhin einwickeln…
Auch wenn du dir geschwor´n: da geh´ ich nie wieder ran,
such´ besser meine Chancen im normalen Leben, doch dann
ein Klick, dein Liebesleben versteilt, das bisher eher schwach entwickelt.

Der ganze Kosmos dir steht plötzlich offen,
belebt von Titten und Ärschen en masse,
die in der Massiertheit dich machen schier besoffen.
Dem Netz ein Halleluja! Welch´ Lust, welch´ Riesenspaß.

Schuschu-Bar und Adlerkeller,
die unausgeglichen´ Hormonhaushalte
beflügeln mochten und verwalten,
lang´ ausgedient als Weichensteller.

Das www besorgt dir die Erfüllung,
verlangt nicht mal Personenkult.
Ist nicht doktrinär, es fordert nur gelegentlich Enthüllung.
Ist grenzenlos tolerant, gesegnet mit jeder Menge Geduld.
Und würd´ uns das wohl nicht in dieser Fülle bieten,
wären es ausschließlich zutiefst verwerfliche Riten…

Du, www, bist die letzte, allesentscheidende Instanz.
Bist unbestechlich, dabei geht's längst nicht nur um Stimulanz.
Bist zutiefst demokratisch, d'rum verehr' ich allumfassend dich,
nimm mich zu deinem Jünger, auf immer, ewiglich.

Liberaler war vor dir noch niemand.
Gebenedeit du seist, zeitgemäßer Heiland.

Was jetzt zu jeder Zeit erreichbar ist per Tastatur,
zum Warming-Up, Sichselbstbesorgen,
zum Flirten, Daten, früh am Morgen,
ist gänzlich neue Dimension der menschlichen Natur.
Ausgleich gegen Mausklick, eleganter ging's noch nie.
Für deinen digitalen Segen will dankend ich niederknien…

2015

Völlig abgehoben

So manchmal kommt der Mut mir abhanden
und die Leichtigkeit schwindet dahin.
Zum Frohlocken bin ich dann kaum mehr imstande,
es mangelt mir schlichtweg an Lebenssinn.

Wenn die Ohren lustlos schlappen, selbst Positives ignorier'n,
der Geist entmutigt schlurft, im Nichts er droht sich zu verlier'n.
Ich wünschte mir dann einfach ein wenig mehr an Levitation,
so 'ne satte Handbreit Luft zwischen mir
und der Welt, die oftmals schmerzhaft-irr.
Ab und an wünscht' ich mir schon

nur etwas distanzierter zu sein von den allernervigsten Hypes,
nur ein Stückchen weit abgehoben...
Stattdessen verkrampf' ich, im Lotussitz verwoben,
harrend der transzendentalen Vibes.

Ganz gleich die Gedanken, die sich ballen,
zu Freundin, Arbeit, Familie, selbst bei völligem Nichtgefallen
der gierigen Flashes, die nach mir greifen,
ich lass' alle programmgemäß zu, wartend auf den Kick.
Die sollten eigentlich an mir gleiten ab wie nasse Seifen,
doch erweisen sich grad die miesesten als überaus kleberig.

Vorbei so die Chance auf tiefentspanntes Abheben.
Dabei, ich war beinah' (ein bisschen) schon so weit.
Es durchlief mich bereits ein erstes zartes Beben...
Einschlafende Beine verhinderten den Start; doch unbedeutend
die Schwierigkeit.

Mich von der schnöden Welt wieder mal zu lösen,
um Probleme nicht überzugewichten,
entspannt den ganzen Tag meditativ zu verdösen
könnt's Seelenleben mir schon richten.
Mit ausgemachter Lässigkeit Chancen früher schon sich fanden
zu souveränem Abheben, Kurvenflug & kontrolliertem Landen.

Lieber schwebend teilhaben am irdischen Leben, das flirrend,
als schwerfällig und unerfüllt durch's selbe Leben irren,
das zuweilen überhaupt nicht mehr sich noch lässt entwirren.

2016

Voll die Dröhnung

So dumm wie eine Möhre,
so dumpf ist ihr Geröhre.
Nur Scheiße im Gehirn.
Braun ausgestopft der schwarze Zwirn.

Martialisch ihre Aufmärsch´, die für Unterwerfung werben,
missionierend in übelriechend´ Masse,
Sprüche skandierend, die wohl niemals aussterben.
Ständig Feinde witternd ihrer erlesenen Kultur und Rasse.

Die Faust straff geballt,
der Stiefelabsatz knallt,
seh´n sie sich als Deutschlands Retter.

Nur raues Gegröle entströmt ihrer Kehle.
Dunkel erleichtern sie ihre Seele.
Auf Kreuzzug gegen Fremde. Und vor der Rübe dicke Bretter.

Ewig vorgestrig, unfähig zu lernen,
dass die Welt sich ändert,
ständig mäandert.
Von Realitäten immer weiter sie sich entfernen.

Vielleicht nicht viel dümmer, vielleicht aber schlimmer,
Gutbürgerliche. Anfangs betont nur leise sie wimmern
in ihren behaglichen Heimen,
wo Verschwörungstheorien, Feindbilder, so gut wie auf der Straße keimen.

Auch sie in Ängsten, den allerbängsten,
dass Privilegien, Ordnung, Wohlstand,
verdient allein durch Disziplin, der allerstrengsten,
wieder flüchtig könnten werden. Würd´ spülen sie zurück an den Rand.

Wo Angst wird zu Wut, wo Wut wird zu Hass.
Wutbürger und Neonazi trennen nur Schritte.
Erstaunlich wie sie sich solidarisier'n, megakrass!
Applaudierend jedem Brand in gemeinsam´ Stiefeltritte.
Dumpfe Hordensprüche einfach nicht auszurotten,
unbelehrbar marodierend, selbst wenn schweigend ihre Rotten.

Gefordert jetzt die aufgeklärte Gesellschaft
entschieden entgegenzuwirken braunen Taten und Gedanken,
knallbunte Facetten stattdessen zu fördern, Positives zu tanken.
Sonst unserer Kulturgemeinschaft blüht sehr bald Geiselhaft.

Jetzt Hirn anknipsen!, soweit vorhanden.
Die Erfahrung für manchen sicher ganz neu.
Schluss mit Gedanken, die schon lang´ abgestanden,
von Rasse, Blut, bedingungslosem Stillgestanden.
Nur weg mit dem unheilvollen Gebräu!

2015

Zeitfracht Medien GmbH
Ferdinand-Jühlke-Straße 7
99095 Erfurt, Deutschland
produktsicherheit@kolibri360.de